大方廣佛華嚴經

일러두기

1. 『대방광불화엄경 강설』 원문原文의 저본底本은 근세에 교정이 가장 잘 되었다고 정평이 나 있는 대만臺灣의 불타교육기금회佛陀教育基金會에서 출판한 『화엄경소초華嚴經疏鈔』본입니다.

2. 『대방광불화엄경 강설』은 실차난타實叉難陀가 695년부터 699년까지 4년에 걸쳐 번역해 낸 80권본卷本 『대방광불화엄경』을 우리말로 옮기고 강설을 붙인 것입니다.

3. 『대방광불화엄경』은 애초 산스크리트에서 한역漢譯된 경전이지만 현재 산스크리트본은 소실된 상태입니다. 산스크리트를 음차한 경우 굳이 원래 소리를 표기하려고 하기보다는 『표준국어대사전』이나 『불교사전』 등에 등재된 한자음을 사용하는 것을 원칙으로 하였습니다.

4. 경문의 한글 번역은 동국역경원본을 참고하여 그대로 또는 첨삭을 하며 의미대로 번역하고 다듬었습니다.

5. 각 품마다 내용에 따라 단락을 나누고 제목을 달았습니다. 단락의 제목은 주로 청량淸涼스님의 견해에 기초하였고 이통현李通玄장자의 견해를 참고로 하였습니다.

6. 『대방광불화엄경 강설』의 발행 순서는 한역 경전의 편재 순서를 기준으로 하였고 각 권은 단행본 한 권씩으로 출간될 예정이며 모두 80권으로 완간됩니다. 다만 80권본에 빠져 있는 「보현행원품」은 80권본 완역 및 강설 후 시리즈에 포함돼 추가될 예정입니다.

7. 『대방광불화엄경 강설』 안에서 불교용어를 풀이한 것은 운허스님이 저술하고 동국역경원에서 편찬한 『불교사전』을 인용하였습니다.

8. 각주의 청량스님의 소疏는 대만에서 입력한 大方廣佛華嚴經 사이트의 것을 사용하였습니다.

9. 『대방광불화엄경 강설』 입법계품에 들어가는 문수지남도는 북송北宋시대 불국佛國선사가 선재동자가 53명의 선지식을 친견하여 법을 구하는 장면을 하나하나 그림으로 그린 것입니다.

대방광불화엄경 강설
제 23 권

二十四. 도솔궁중게찬품兜率宮中偈讚品
二十五. 십회향품十廻向品 1

실차난타實叉難陀 한역
무비스님 강설

서문

　차라리 일체 세간의 고통을 낱낱이 다 받을지라도 언제나 여래를 친견할 것이며, 반드시 여래의 자재하신 힘으로 살겠습니다.

　차라리 가난하고 헐벗어서 추위에 떨더라도 항상 여래를 친견하여 그 지혜와 자비의 청정복덕을 누리며 살겠습니다.

　차라리 우연히 병을 얻어 백년을 신음하는 무서운 고통을 받더라도 여래를 친견하고 여래의 진리의 가르침 속에서 그 고통을 말끔히 잊고 살겠습니다.

　차라리 유루복有漏福은 박덕薄德하여 입을 것도 없고, 먹을 것도 없고, 이 몸 하나 의지할 곳이 없더라도 화엄경을 공부하는 무량대복을 누리며 살겠습니다.

　그리하여 끝내는 여래와 맺은 인연 공덕으로 일체 고통이 없고, 가난하지도 않고, 헐벗지도 않고, 추위에 떨지도 않고, 우연히 병을 얻는 일도 없고, 백년을 신음하는 무서운 고통도 없고, 입을 것은 넘쳐나고, 먹을 것도 풍족하고, 의지할 곳도 처처에 널려 있어서 일체 중생들과 이 모든 것을 함께 누리며 행복하기를 서원합니다.

〈도솔궁중게찬품〉

내가 마땅히 일체 중생을 위하여 집이 되리니
모든 괴로운 일을 면하게 하려는 연고이니라.
내가 마땅히 일체 중생을 위하여 구호救護가 되리니
모든 번뇌에서 해탈케 하려는 연고이니라.
내가 마땅히 일체 중생을 위하여 귀의할 데가 되리니
모든 공포를 떠나게 하려는 연고이니라.

내가 마땅히 일체 중생을 위하여 나아갈 곳이 되리니
일체 지혜에 이르게 하려는 연고이니라.
내가 마땅히 일체 중생을 위하여 안락처가 되리니
마침내 편안한 곳을 얻게 하려는 연고이니라.
내가 마땅히 일체 중생을 위하여 광명이 되리니
지혜의 빛을 얻어
어리석음의 어둠을 소멸하게 하려는 연고이니라.
내가 마땅히 일체 중생을 위하여 횃불이 되리니
모든 무명의 암흑을 깨뜨리려는 연고이니라.
내가 마땅히 일체 중생을 위하여 등불이 되리니
끝까지 청정한 곳에 머물게 하려는 연고이니라.
내가 마땅히 일체 중생을 위하여 길잡이가 되리니
그들을 진실한 법에 들게 하려는 연고이니라.

내가 마땅히 일체 중생을 위하여 대도사大導師가 되리니
걸림 없는 큰 지혜를 주려는 연고이니라.

불자들이여,
보살마하살이 모든 선근으로 이와 같이 회향하여
일체 중생을 평등하게 이익 주며 구경에는
일체 지혜를 얻게 하느니라.

〈십회향품 1〉

2015년 3월 1일
신라 화엄종찰 금정산 범어사
如天 無比

대방광불화엄경 목차

제1권	1. 세주묘엄품世主妙嚴品 [1]	제18권	18. 명법품明法品
제2권	1. 세주묘엄품世主妙嚴品 [2]	제19권	19. 승야마천궁품昇夜摩天宮品
제3권	1. 세주묘엄품世主妙嚴品 [3]		20. 야마천궁게찬품夜摩天宮偈讚品
제4권	1. 세주묘엄품世主妙嚴品 [4]		21. 십행품十行品 [1]
제5권	1. 세주묘엄품世主妙嚴品 [5]	제20권	21. 십행품十行品 [2]
제6권	2. 여래현상품如來現相品	제21권	22. 십무진장품十無盡藏品
제7권	3. 보현삼매품普賢三昧品	제22권	23. 승도솔천궁품昇兜率天宮品
	4. 세계성취품世界成就品	**제23권**	**24. 도솔궁중게찬품兜率宮中偈讚品**
제8권	5. 화장세계품華藏世界品 [1]		**25. 십회향품十廻向品 [1]**
제9권	5. 화장세계품華藏世界品 [2]	제24권	25. 십회향품十廻向品 [2]
제10권	5. 화장세계품華藏世界品 [3]	제25권	25. 십회향품十廻向品 [3]
제11권	6. 비로자나품毘盧遮那品	제26권	25. 십회향품十廻向品 [4]
제12권	7. 여래명호품如來名號品	제27권	25. 십회향품十廻向品 [5]
	8. 사성제품四聖諦品	제28권	25. 십회향품十廻向品 [6]
제13권	9. 광명각품光明覺品	제29권	25. 십회향품十廻向品 [7]
	10. 보살문명품菩薩問明品	제30권	25. 십회향품十廻向品 [8]
제14권	11. 정행품淨行品	제31권	25. 십회향품十廻向品 [9]
	12. 현수품賢首品 [1]	제32권	25. 십회향품十廻向品 [10]
제15권	12. 현수품賢首品 [2]	제33권	25. 십회향품十廻向品 [11]
제16권	13. 승수미산정품昇須彌山頂品	제34권	26. 십지품十地品 [1]
	14. 수미정상게찬품須彌頂上偈讚品	제35권	26. 십지품十地品 [2]
	15. 십주품十住品	제36권	26. 십지품十地品 [3]
제17권	16. 범행품梵行品	제37권	26. 십지품十地品 [4]
	17. 초발심공덕품初發心功德品	제38권	26. 십지품十地品 [5]

제39권	26. 십지품十地品 [6]	제58권	38. 이세간품離世間品 [6]
제40권	27. 십정품十定品 [1]	제59권	38. 이세간품離世間品 [7]
제41권	27. 십정품十定品 [2]	제60권	39. 입법계품入法界品 [1]
제42권	27. 십정품十定品 [3]	제61권	39. 입법계품入法界品 [2]
제43권	27. 십정품十定品 [4]	제62권	39. 입법계품入法界品 [3]
제44권	28. 십통품十通品	제63권	39. 입법계품入法界品 [4]
	29. 십인품十忍品	제64권	39. 입법계품入法界品 [5]
제45권	30. 아승지품阿僧祇品	제65권	39. 입법계품入法界品 [6]
	31. 여래수량품如來壽量品	제66권	39. 입법계품入法界品 [7]
	32. 보살주처품菩薩住處品	제67권	39. 입법계품入法界品 [8]
제46권	33. 불부사의법품佛不思議法品 [1]	제68권	39. 입법계품入法界品 [9]
제47권	33. 불부사의법품佛不思議法品 [2]	제69권	39. 입법계품入法界品 [10]
제48권	34. 여래십신상해품如來十身相海品	제70권	39. 입법계품入法界品 [11]
	35. 여래수호광명공덕품 如來隨好光明功德品	제71권	39. 입법계품入法界品 [12]
		제72권	39. 입법계품入法界品 [13]
제49권	36. 보현행품普賢行品	제73권	39. 입법계품入法界品 [14]
제50권	37. 여래출현품如來出現品 [1]	제74권	39. 입법계품入法界品 [15]
제51권	37. 여래출현품如來出現品 [2]	제75권	39. 입법계품入法界品 [16]
제52권	37. 여래출현품如來出現品 [3]	제76권	39. 입법계품入法界品 [17]
제53권	38. 이세간품離世間品 [1]	제77권	39. 입법계품入法界品 [18]
제54권	38. 이세간품離世間品 [2]	제78권	39. 입법계품入法界品 [19]
제55권	38. 이세간품離世間品 [3]	제79권	39. 입법계품入法界品 [20]
제56권	38. 이세간품離世間品 [4]	제80권	39. 입법계품入法界品 [21]
제57권	38. 이세간품離世間品 [5]	제81권	40. 보현행원품普賢行願品

대방광불화엄경 강설 제23권

二十四. 도솔궁중게찬품 兜率宮中偈讚品

1. 대중들의 운집 ·· 19
   1) 시방 보살들이 모이다 ····························· 19
   2) 보살들의 이름 ·· 20
   3) 보살들이 떠나온 세계의 이름 ················· 22
   4) 섬기며 수행한 곳의 부처님 ···················· 23
   5) 보살들이 사자좌에 앉다 ························· 25
   6) 보살들이 광명을 놓다 ····························· 26
   7) 보살들의 수승한 덕 ································ 27
   8) 시방세계에서도 모두 한결같았다 ··········· 30

2. 세존이 두 무릎으로 광명을 놓다 ················ 33

3. 보살들이 옛적에 여래와 함께 수행하다 ········ 36

4. 시방에서 온 보살들이 찬탄하다 ······················ 45

1) 동방 금강당보살의 찬탄 ···························· 45

(1) 부처님의 수승한 덕 ···························· 45

1〉 고요하면서 항상 작용함을 밝히다 ············ 45

〈1〉 생멸이 없는 데서 생멸을 보이다 ············ 46

〈2〉 색성이 없는 데서 색성을 보이다 ············ 48

〈3〉 거래가 없는 데서 거래를 보이다 ············ 49

2〉 작용하면서 항상 고요함 ························ 50

3〉 걸림 없이 항상 자재함 ························ 51

(2) 수행하기를 권하다 ······························ 53

2) 남방 견고당보살의 찬탄 ···························· 55

(1) 부처님의 수승한 덕을 찬탄하다 ·················· 55

(2) 수행하기를 권하고 이익을 말하다 ················ 58

1〉 덕을 가리키고 의지하기를 권하다 ·············· 58

2〉 능히 불도에 들어가다 ·························· 59

3〉 나아가 닦기를 권하다 ·························· 61

3) 서방 용맹당보살의 찬탄 ···························· 64

(1) 부처님을 친견하다 ······························ 65

(2) 법을 듣다 ······································ 66

(3) 거짓을 버리고 참다운 것을 구하다 ·············· 70

4) 북방 광명당보살의 찬탄 ···························· 73

(1) 교화의 작용이 넓음을 찬탄하다 ·················· 74
  (2) 교화의 작용이 깊고 깊음을 찬탄하다 ············75
  (3) 교화의 작용이 깊고 넓음을 찬탄하다 ·············· 81
5) 동북방 지당보살의 찬탄 ···························· 84
  (1) 믿기를 권하다 ···································· 84
  (2) 믿음의 수승한 덕 ································ 85
6) 동남방 보당보살의 찬탄 ···························· 93
  (1) 생각하기 어려움을 나타내다 ···················· 94
  (2) 시간을 멀리 뛰어났음을 보이다 ················ 98
7) 서남방 정진당보살의 찬탄 ······················· 102
  (1) 모든 부처님의 몸은 한결같다 ················· 103
  (2) 부처님의 몸은 시방세계에 두루 하다 ·········· 103
  (3) 부처님의 몸은 불가사의하다 ···················107
8) 서북방 이구당보살의 찬탄 ······················· 111
  (1) 여래가 세간을 청정하게 하는 덕 ···············111
  (2) 여래가 스스로 청정함을 말하다 ··············· 117
9) 하방 성수당보살의 찬탄 ·························· 120
  (1) 여래의 두루 한 덕 ······························121
  (2) 중생들에게 응함이 자재하다 ·················· 123
  (3) 자재한 자취마저 떨어 버리다 ················· 129
10) 상방 법당보살의 찬탄 ···························· 130

(1) 사람들이 보고 듣기를 권하다 ·················· 130

(2) 중생들이 듣고 구하기를 권하다 ·················· 136

二十五. 십회향품十廻向品 1

1. 금강당보살이 삼매에 들다 ·················· 146

2. 부처님이 가피를 내리다 ·················· 148

  1) 미진수의 금강당부처님이 계시다 ·················· 148

  2) 금강당보살을 찬탄하다 ·················· 149

  3) 가피하는 까닭을 밝히다 ·················· 151

    (1) 가피 이룰 것을 밝히다 ·················· 151

    (2) 가피 지을 것을 밝히다 ·················· 153

  4) 가피의 상을 보이다 ·················· 155

    (1) 말의 가피를 밝히다 ·················· 155

    (2) 뜻의 가피를 보이다 ·················· 156

    (3) 몸의 가피를 보이다 ·················· 158

3\. 금강당보살이 삼매에서 일어나다 ················ 160

4\. **금강당보살이 열 가지 회향을 설하다** ············ 161

　1) 삼세 부처님의 회향을 배우다 ················ 161

　2) 십회향의 명칭 ···························· 162

　3) 제1 구호일체중생이중생상회향 ··············· 167

　　(1) 보살이 선근을 닦아 염원하다 ············· 167

　　(2) 중생을 이익하게 하고 구호하다 ············ 170

　　(3) 고통받는 이를 구호하다 ················· 174

　　　1〉 친구 아닌 이를 친구로 여기다 ··········· 174

　　　2〉 큰 바다에 비유하다 ··················· 176

　　　3〉 태양에 비유하다 ····················· 177

　　　4〉 법과 비유를 함께 해석하다 ············· 178

　　　5〉 악한 중생에게도 선근을 회향한다 ········ 180

　　　6〉 비유를 들어 거듭 해석하다 ············· 182

　　(4) 회향하는 마음 ························ 185

　　(5) 회향하는 원 ·························· 187

　　(6) 중생의 고통을 대신 받고 구호하다 ········· 192

　　　1〉 중생의 고통을 대신 받는 마음 ··········· 192

　　　2〉 회향하는 마음 ······················ 198

3〉 굳은 뜻으로 보호하는 마음 ·················· 201
　　4〉 중생들에게 낙을 얻게 하다 ················· 206
　　5〉 중생들을 위한 지혜의 횃불 ················· 207
　　6〉 중생들의 행원을 구족하게 하려는 회향 ········· 208
(7) 일체 중생을 널리 제도하기 위한 회향 ············· 210
(8) 은혜를 생각하여 회향하는 것이 아니다 ············ 214
(9) 상을 떠난 회향 ························· 216
　1〉 여러 가지의 회향 ····················· 216
　2〉 업과 지혜 ························· 220
(10) 회향의 이익 ·························· 223
(11) 금강당보살이 게송을 설하다 ················· 224
　　1〉 게송을 설하는 뜻 ··················· 224
　　2〉 회향할 선근을 밝히다 ················· 226
　　　〈1〉 사무량심 ····················· 226
　　　〈2〉 육바라밀 ····················· 232
　　3〉 회향하는 행 ····················· 234
　　　〈1〉 상을 따르는 회향 ················ 234
　　　〈2〉 상을 떠난 회향 ················· 240

대방광불화엄경 강설

제23권

二十四. 도솔궁중게찬품

화엄경 7처 9회 설법 중에서 제5회 3품 설법은 십회향법문이 본론이다. 그 서론으로 앞에서 부처님께서 도솔천궁으로 올라가시는 광경을 승도솔천궁품에서 장황하게 설하여 마쳤다. 이번에는 시방에서 각각 한 분의 큰 보살들이 다시 또 작은 먼지 수처럼 많고 많은 권속 보살들과 함께 모여 와서 부처님의 공덕과 지혜와 자비와 신통묘용 등 온갖 덕을 찬탄하는 내용이다. 광대무변한 십회향법문이 설해지기 전에 부처님의 위대함을 더욱 드러내기 위해서 서론은 아직도 노래로써 계속된다.

1. 대중들의 운집

1) 시방 보살들이 모이다

<small>이시 불신력고 시방각유일대보살 일일</small>
爾時에 **佛神力故**로 **十方各有一大菩薩**이 **一一**

<small>각여만불찰미진수제보살 구 종만불찰미</small>
各與萬佛刹微塵數諸菩薩로 **俱**하사 **從萬佛刹微**

<small>진수국토외제세계중 내예불소</small>
塵數國土外諸世界中하야 **來詣佛所**하시니라

 그때에 부처님의 위신력으로 시방에 각각 한 분의 대보살이 낱낱이 일만 부처님 세계의 미진수 같은 보살들과 더불어 일만 부처님 세계의 미진수 같은 국토 밖 여러 세계로부터 부처님 계신 데로 왔습니다.

 먼저 시방에서 무수한 보살 대중들이 운집하는 광경이

다. 열 개의 방위마다 각각 한 분의 큰 보살들이 있고, 그 큰 보살들은 일만 부처님 세계의 미진수같이 많고 많은 권속 보살들과 더불어 일만 불찰 미진수 국토 밖에 있는 여러 세계에서 지금 여기 십회향법문이 설해질 곳으로 모여 온 것이다.

일만 불찰 미진수 국토 밖이라면 얼마나 먼 거리일까. 화엄경의 안목으로 보는 이치의 숫자에 맞추면 십억 광년 저 너머일 것이다. 설사 십억 광년의 거리라 하더라도 시간과 공간을 자유자재로 넘나드는 큰 깨달음의 우주선이라면 1분 안에 오고 가는 거리일 뿐이다. 전혀 염려할 일이 아니다.

2) 보살들의 이름

其名曰金剛幢菩薩과 堅固幢菩薩과 勇猛幢菩薩과 光明幢菩薩과 智幢菩薩과 寶幢菩薩과 精

진당보살　이구당보살　성수당보살　법당보
進幢菩薩과 離垢幢菩薩과 星宿幢菩薩과 法幢菩
살
薩이니라

　그들의 이름은 금강당金剛幢보살과 견고당堅固幢보살과 용맹당勇猛幢보살과 광명당光明幢보살과 지당智幢보살과 보당寶幢보살과 정진당精進幢보살과 이구당離垢幢보살과 성수당星宿幢보살과 법당法幢보살이었습니다.

　작은 먼지 수와 같이 많고 많은 권속 보살들을 인솔하고 온 시방의 대표 보살들의 이름이다. 모든 보살들의 이름에 '깃대 당幢' 자가 있는 것이 특징이다. 당幢은 깃대며 지휘봉이며 휘장이다. 또 많은 군중을 인솔하고 지휘하는 도구다.

　청량스님은 "인솔한 보살의 이름이 다 같은 당幢인 것에는 간략히 다섯 가지 뜻이 있다. ① 높이 솟았다는 뜻이다. 삼현三賢의 지위에서 지극함을 표한 까닭이다. ② 건립의 뜻이다. 큰 자비와 큰 지혜로 중생과 보리를 건립하는 까닭이다. ③ 귀향의 뜻이다. 대비로 중생을 섭수하고 지혜와 원으로 선善을 섭수하여 보리와 실제實際에 귀향한다. ④ 꺾어 없앤다는 뜻이다. 마치 용맹한 장군의 깃대와 같아서 일체 모든 마군을 항복받는 까닭이다. ⑤ 두려움을 소멸한다는 뜻이다. 마치 제석천왕의 깃대와 같아서 혹업惑業을 두려워하지 않는 까닭이다."[1]라고 하였다.

3) 보살들이 떠나온 세계의 이름

所從來國은 謂妙寶世界와 妙樂世界와 妙銀世界와 妙金世界와 妙摩尼世界와 妙金剛世界와 妙波頭摩世界와 妙優鉢羅世界와 妙栴檀世界와 妙香世界니라

---

1) 主菩薩名：同名幢者, 略有五義：① 高出義：表三賢位極故. ② 建立義：大悲大智, 建立衆生及菩提故. ③ 歸向義：謂大悲攝生, 智願攝善, 歸向菩提及實際故. ④ 摧殄義：如猛將幢, 降伏一切諸魔軍故. ⑤ 滅怖畏義：如帝釋幢, 不怖惑業故.

그들이 떠나온 세계는 묘보妙寶세계와 묘락妙樂세계와 묘은妙銀세계와 묘금妙金세계와 묘마니妙摩尼세계와 묘금강妙金剛세계와 묘파두마妙波頭摩세계와 묘우발라妙優鉢羅세계와 묘전단妙栴檀세계와 묘향妙香세계였습니다.

보살들이 떠나온 세계의 이름은 모두 '아름다울 묘妙' 자로 시작하였다. 청량스님은 "떠나온 세계가 다 묘妙인 것은 회향廻向의 힘이, 적은 선이라도 법계에 가득차기 때문이다."[2]라고 하였다. 그와 같이 회향의 의미는 처음부터 아름다운 일이며 보살이 궁극에 실천해야 할 일임을 밝혔다.

4) 섬기며 수행한 곳의 부처님

각 어 불 소 정 수 범 행   소 위 무 진 당 불   풍
各於佛所에 **淨修梵行**하시니 **所謂無盡幢佛**과 **風**

당 불 해 탈 당 불 위 의 당 불 명 상 당 불   상 당
幢佛과 **解脫幢佛**과 **威儀幢佛**과 **明相幢佛**과 **常幢**

---

2) 所從來刹皆稱妙者：廻向之力, 微善彌於法界故.

불　최승당불　자재당불　범당불　관찰당불
佛과 最勝幢佛과 自在幢佛과 梵幢佛과 觀察幢佛
이니라

　각각 부처님 계신 곳에서 범행을 청정하게 닦았으니, 이른바 무진당불無盡幢佛과 풍당불風幢佛과 해탈당불解脫幢佛과 위의당불威儀幢佛과 명상당불明相幢佛과 상당불常幢佛과 최승당불最勝幢佛과 자재당불自在幢佛과 범당불梵幢佛과 관찰당불觀察幢佛이었습니다.

　이곳 법회에 모여 온 보살들이 각자의 세계에서 섬기며 수행하던 부처님은 이름에 모두 '당幢' 자가 있는 부처님이다. 당幢 자의 뜻은 이와 같다. 기旗, 들다, (소리가) 들리다, 수레 휘장揮帳, 막, 장막帳幕, 알다, 깨우치다, 소문所聞나다 등등. 깃대를 세워서 크게 알려야 할 십회향법을 뜻한다.

5) 보살들이 사자좌에 앉다

其諸菩薩이 至佛所已하야 頂禮佛足하고 以佛神力으로 卽化作妙寶藏獅子之座하사대 寶網彌覆하야 周帀徧滿이어든 諸菩薩衆이 隨所來方하야 各於其上에 結跏趺坐하시니라

그 모든 보살들이 부처님 계신 곳에 이르러서는 부처님의 발에 정례하고, 부처님의 위신력으로 묘보장妙寶藏 사자좌를 변화하여 만들었습니다. 그 사자좌는 보배그물로 두루 덮어 주위에 가득하였으며, 모든 보살 대중이 제각기 온 방위를 따라 사자좌 위에 결가부좌하고 앉았습니다.

불교에서는 누구나 도량에 들어오면 제일 먼저 부처님을 친견한다. 부처님을 친견할 때는 반드시 이마로 부처님의 발에 예배한다. 무수한 보살들이 법회에 와서 부처님 발에 정

레하고 각자가 앉을 사자좌를 변화하여 만들어 가부좌를 하고 앉았다.

6) 보살들이 광명을 놓다

其身_에 悉放百千億那由他阿僧祇淸淨光明
(기신) (실방백천억나유타아승지청정광명)

하시니 此無量光_이 皆從菩薩_의 淸淨心寶_와 離衆過
(차무량광) (개종보살) (청정심보) (이중과)

惡_한 大願所起_라 顯示一切諸佛自在淸淨之法_{하며}
(악) (대원소기) (현시일체제불자재청정지법)

以諸菩薩平等願力_{으로} 能普救護一切衆生_{하시니}
(이제보살평등원력) (능보구호일체중생)

一切世間之所樂見_{이라} 見者_가 不虛_{하야} 悉得調
(일체세간지소낙견) (견자) (불허) (실득조

伏_{이러라}
복)

그 몸에서 다 백천억 나유타 아승지의 청정한 광명을 놓으니, 이 한량없는 광명은 다 보살의 청정한 마음의 보배와 모든 허물이 없는 큰 원력으로 일어난 것이며, 모든 부처님의 자재하고 청정한 법을 나타내 보이며, 보살들의 평등한 원력으로 일체 중생을 널리 구호하니, 모든 세간에서 보기를 좋아하는 것이며, 보는 이는 헛되지 아니하여 모두 조복을 얻었습니다.

무수한 보살들이 각자의 몸에서 백천억 아승지의 청정한 광명을 놓았다. 광명을 놓아 중생들을 이익하게 하는 뜻을 밝혔는데 십회향의 지위가 자비와 지혜로 중생들을 구제하는 뜻이 많음을 표현한 것이다.

7) 보살들의 수승한 덕

其_기菩_보薩_살衆_중이 悉_실已_이成_성就_취無_무量_량功_공德_덕하시니 所_소謂_위徧_변遊_유一_일切_체諸_제佛_불國_국土_토호대 無_무所_소障_장礙_애하며 見_견無_무依_의止_지淸_청

淨^정法^법身^신하며 以^이智^지慧^혜身^신으로 現^현無^무量^량身^신하야 徧^변往^왕十^시方^방하야 承^승事^사諸^제佛^불하며 入^입於^어諸^제佛^불無^무量^량無^무邊^변不^불可^가思^사議^의自^자在^재之^지法^법하며

그 보살 대중들은 한량없는 공덕을 이미 성취하였습니다. 이른바 여러 부처님의 국토에 두루 다니되 장애가 없으며, 의지한 데 없는 청정한 법신을 보았으며, 지혜의 몸으로 무량한 몸을 나타내어 시방으로 두루 다니면서 모든 부처님을 받들어 섬기며, 모든 부처님의 한량없고 그지없고 불가사의한 자재한 법에 들어갔습니다.

시방에서 법회에 모여 온 보살들의 수승한 덕을 간략히 찬탄하였다. 첫 구절은 한량없는 공덕을 성취했다 하여 수승한 덕의 전체적인 내용을 밝히고 나머지는 수승한 덕을 하나하나 밝혔다. 일체 모든 국토를 걸림 없이 두루 돌아다닌다. 그 능력으로 이 법회에까지 온 것이다. 또 지혜의 몸으로 한량없는 몸을 나타내어 부처님을 받들어 섬긴다. 불법

은 무상심심한 미묘법이다. 그러므로 부처님을 이해하고 불교를 이해하는 데는 지혜가 없으면 안 된다. 또 한량없고 그지없고 불가사의한 자재한 법에 들어갔다. 이것은 일체 불법을 모두 꿰뚫어 아는 것이다.

住_주於_어無_무量_량一_일切_체智_지門_문하야 以_이智_지光_광明_명으로 善_선了_료諸_제法_법하며 於_어諸_제法_법中_중에 得_득無_무所_소畏_외하야 隨_수所_소演_연說_설하야 窮_궁未_미來_래際_제호대 辯_변才_재無_무盡_진하며 以_이大_대智_지慧_혜로 開_개總_총持_지門_문하며 慧_혜眼_안淸_청淨_정하야 入_입深_심法_법界_계하며 智_지慧_혜境_경界_계가 無_무有_유邊_변際_제하며 究_구竟_경淸_청淨_정이 猶_유若_약虛_허空_공이니라

한량없는 일체 지혜의 문에 머물러 지혜의 광명으로 모든 법을 잘 알며, 모든 법 가운데서 두려움이 없게 되어 간 데마다 연설하매 오는 세월이 끝나도록 변재가 다하지 아니하며, 큰 지혜로 다라니문을 열고, 지혜의

눈이 청정하여 깊은 법계에 들었고, 지혜의 경계가 끝이 없으며, 구경까지 청정한 것이 마치 허공과 같았습니다.

    계속해서 보살들의 수승한 덕을 하나하나 밝히는 내용이다. 한량없는 일체 지혜의 문에 머물러 지혜의 광명으로 모든 법을 잘 안다. 역시 불법은 지혜만이 이르러 갈 수 있는 피안이다. 보살의 수승한 덕의 내용이 거의 지혜로 이뤄졌다. 지혜로 다라니문을 열고 지혜의 눈이 청정하다는 것 등이다. 또 불법을 널리 전파하려면 변재가 있어야 함을 밝혔다.

8) 시방세계에서도 모두 한결같았다

여 차 세 계 도 솔 천 궁　　제 보 살 중　　여 시 래 집
如此世界兜率天宮에 **諸菩薩衆**이 **如是來集**하야

시 방 일 체 도 솔 천 궁　　실 유 여 시 명 호 보 살　　이 래
十方一切兜率天宮에 **悉有如是名號菩薩**이 **而來**

집회　　　소종래국　　제불명호　　역개동등
集會하시니 **所從來國**과 **諸佛名號**도 **亦皆同等**하야

무 유 차 별
無有差別이러라

　이 세계의 도솔천궁에 모든 보살 대중이 이렇게 모여 오는 것처럼 시방의 모든 도솔천궁에서도 다 이와 같은 이름을 가진 보살들이 모여 왔는데, 그 떠나온 나라와 모든 부처님의 명호가 또한 다 같아서 차별이 없었습니다.

　이 세계의 도솔천궁에서 이뤄지고 있는 어마어마한 십회향법회가 이곳 외의 다른 시방세계에서도 다 꼭 같이 이뤄지고 있다. 심지어 보살들의 이름도 꼭 같고, 부처님의 이름도 꼭 같고, 보살들이 온 세계의 이름도 꼭 같다. 이와 같이 중중重重 중중 중중하고 무진無盡 무진 무진한 것이 우주법계의 존재 원리다.

　이 사실을 어떻게 이해해야 할 것인가. 현대과학은 이 우주를 이루고 있는 요소는 모두가 꼭 같은 것이라고 한다. 현재 우리들의 눈앞에는 다양하게 보이지만 그 근원을 추적해 보면 동물과 식물과 광물의 구성 요소는 같은 것이다. 다시

또 생명이 있는 존재들로 범위를 좁혀 보면 동물의 생명체나 식물의 생명체나 거의 같은 요소로 이뤄졌다. 즉 나무와 사람은 같은 근원에서 진화하면서 변모한 것이다. 이와 같은 본질적인 관점에서 보면 모든 존재는 근원이 똑같은 하나로서 우주법계가 모두 하나의 작용이다. 하는 일이 같고, 요소가 같고, 이름도 같을 수밖에 없다. 그래서 하나의 나뭇잎이 흔들릴 때 우주가 함께 흔들리는 이치가 있다고 하는 것이다. 그래서 천지는 나와 더불어 같은 뿌리고, 만물은 나와 더불어 한몸[天地與我同根 萬物與我一體]이다. 화엄경의 가르침은 줄기차게 이러한 이치를 천명하고 있다.

2. 세존이 두 무릎으로 광명을 놓다

爾時에 世尊이 從兩膝輪하사 放百千億那由他
光明하사 普照十方盡法界虛空界一切世界하신대
彼諸菩薩이 皆見於此佛神變相하며 此諸菩薩도
亦見於彼一切如來神變之相하시니라

그때에 세존께서 두 무릎으로 백천억 나유타 광명을 놓아 시방의 온 법계와 허공계와 일체 세계에 두루 비추니, 저 다른 곳의 모든 보살들이 이곳의 부처님의 신통변화하시는 모양을 다 보고, 이곳의 보살들도 저 다른 곳의 여러 부처님의 신통변화하시는 모양을 보았습니다.

세존이 두 무릎으로 광명을 놓는 광경이다. 7처 9회의 제1회에서는 치아 사이에서 광명을 놓아 법문의 시작을 알렸다. 제2회에서는 두 발바닥에서 광명을 놓아 십신법문을 상징하였다. 제3회에서는 두 발가락에서 광명을 놓아 십주법문을 상징하였다. 제4회에서는 두 발등에서 광명을 놓아 십행법문을 상징하였다. 이번 제5회에서는 두 무릎에서 광명을 놓아 십회향법문을 알렸다.

청량스님은 "무릎이란 보살 수행의 지위가 점차 높아진 것을 보였으며, 원인을 돌리어 결과에 향함을 표하였다. 또 구부리고 펴고 하면서 앞으로 나아가는 모습이 있는 연고다. 또 자비와 지혜가 서로 이끌며 구부리고 펴는 데 멈추어 있지 않기 때문이다."[3]라고 하였다.

부처님이 광명을 놓으니 "다른 곳의 모든 보살들이 이곳의 부처님의 신통변화하시는 모양을 다 보고, 이곳의 보살들도 저 다른 곳의 여러 부처님의 신통변화하시는 모양을 보았다."라고 한 것은 무슨 뜻인가. 피차상견彼此相見이라고 하

---

[3] 放光處 : 言【膝輪】者, 位漸高故. 又表迴因向果等, 有屈申進趣之相故. 又悲智相導 屈申無住故.

여 모든 존재는 너와 내가 서로서로 호상섭입하면서 피차가 원융무애하게 존재함을 밝혔다. 모든 생명은 다 같이 불보살로서 연기하고 불보살로서 소통한다는 사실이다.

3. 보살들이 옛적에 여래와 함께 수행하다

여시보살 개여비로자나여래 어왕석시
如是菩薩이 **皆與毘盧遮那如來**로 **於往昔時**에

동종선근 수보살행 실이오입제불자재
同種善根하야 **修菩薩行**일새 **悉已悟入諸佛自在**

심심해탈 득무차별법계지신
甚深解脫하야 **得無差別法界之身**하며

이와 같은 보살들은 모두 비로자나여래와 함께 지난 옛적에 같이 선근을 심으면서 보살의 행을 닦았습니다. 모든 부처님의 자재하신 깊고 깊은 해탈에 깨달아 들어가서 차별이 없는 법계의 몸을 얻었습니다.

시방에서 모여 온 무수한 보살들이 옛적에 여래와 함께 보살행을 수행한 내용이 여러 가지로 기록되었다. 먼저 비로

자나여래의 깊은 해탈에 깨달아 들어가서 차별이 없는 법계의 몸을 얻었다. 보살의 수행이란 그 목표가 여래가 얻은 해탈의 경지다. 그 경지를 얻은 것이다.

입 일 체 토　　이 무 소 주　　견 무 량 불　　실 왕
入一切土호대 **而無所住**하야 **見無量佛**하고 **悉往**

승 사
承事하며

 일체 국토에 들어가되 머무는 바가 없고 한량없는 부처님을 친견하고 나아가 받들어 섬기었습니다.

 다음은 일체 국토에 들어가서 한량없는 부처님을 친견하고 나아가 받들어 섬긴 것이다. 보살행의 기본은 모든 생명 모든 사람을 부처님으로 받들어 섬기는 일이다.

어 일 념 중　　주 행 법 계　　자 재 무 애　　심 의
於一念中에 **周行法界**하야 **自在無礙**호대 **心意**

청정   여무가보
清淨이 **如無價寶**하며

  잠깐 동안에 법계로 돌아다니되 자재하여 걸림이 없고 마음이 청정하여 값없는 보배와 같았습니다.

  다음은 한순간에 법계를 자유자재하게 걸림 없이 돌아다니지만 그 마음이 청정한 것이 값으로 매길 수 없는 고귀한 보배와 같음을 밝혔다. 사람의 마음은 종교적이든 과학적이든 시간과 공간 그 어디에도 걸리지 않고 순식간에 수십억 광년의 거리와 장소를 마음대로 다닌다는 확신을 가지고 있다.

   무량무수제불여래   상가호념   공여기력
無量無數諸佛如來가 **常加護念**하사 **共與其力**
   도어구경제일피안
하야 **到於究竟第一彼岸**하며

  무량무수한 모든 부처님들이 항상 호념을 더하여 다 같이 그 힘을 가피하시어 구경究竟이며 제일인 저 언덕에 이르렀습니다.

시방에서 모여 온 보살들이 지난날 부처님과 함께 수행하여 여래의 가피를 얻었으며, 가장 제일인 저 언덕에 이르렀다. 저 언덕이란 일체의 고통과 모든 문제가 다 사라진 경지이다.

恒以淨念으로 **住無上覺**하야 **念念恒入一切智處**하며
_{항이정념　　주무상각　　염념항입일체지처}

항상 깨끗한 생각으로 위없는 깨달음에 머물러 생각 생각마다 일체 지혜에 항상 들어갔습니다.

수행자로서 늘 문제가 되는 것이, 별다른 일이 없는 평소에는 평정심을 유지하며 지혜도 작용하다가 특별한 일이 벌어지면 평정심을 잃고 조금 있던 지혜마저 깜깜해지는 경우다. 이곳의 보살은 생각 생각마다 일체 지혜에 항상 들어갔

다고 하였다.

以小入大_{하고} 以大入小_에 皆得自在_{하야} 通達無礙_{하고} 已得佛身_{하야} 與佛同住_{하며}

작은 것이 큰 데 들어가고 큰 것이 작은 데 들어가되 모두 자재하며, 통달하고 막힘이 없으며, 부처님 몸을 이미 얻어 부처님과 함께 있습니다.

보살들은 또 일체 존재의 공성을 터득하여 크고 작음에 자유자재하다. 또 부처님의 몸을 자신의 몸으로 삼아 부처님과 함께 머문다.

獲一切智_{하고} 從一切智_{하야} 而生其身_{하며}

일체 지혜를 얻고서 일체 지혜로부터 몸을 출생하였

습니다.

보살로서 법을 깨달은 사람은 법으로부터 태어난 사람이며, 지혜를 얻은 사람은 지혜로부터 태어난 사람이다. 화엄경에 심취한 사람은 화엄경으로부터 태어난 사람이다.

一切如來所行之處에 悉能隨入하야 開闡無量 智慧法門하며

일체 여래의 행하시는 곳에 다 능히 따라 들어가서 한량없는 지혜의 법문을 열었습니다.

일체 여래가 행하시는 곳에 따라온 것이나 여래의 법회에 따라 모여 온 것은 모두 한량없는 지혜의 문을 열어 보이는 일이다. 그러므로 불보살이 짓는 일체 불사는 모두 지혜의 문을 열어 보이는 일이다.

도금강당대지피안　　획금강정　　단제의
到金剛幢大智彼岸하야 **獲金剛定**하야 **斷諸疑**

혹
惑하며

금강당金剛幢의 큰 지혜인 저 언덕에 이르고 금강 삼매를 얻어 모든 의혹을 끊었습니다.

선정이 지극하면 지혜도 지극하다. 금강당의 큰 지혜는 금강당의 큰 선정을 얻어서 모든 의혹을 끊게 된 것이다. 마침 법회에 모여 온 수많은 보살들 중에 금강당보살이 깨달음의 지혜로 법을 선양하는 인도자가 되었다.

이득제불자재신통　　보어일체시방국토
已得諸佛自在神通하야 **普於一切十方國土**에

교화조복백천만억무수중생　　어일체수　수
敎化調伏百千萬億無數衆生호대 **於一切數**에 雖

무소착　　선능수학성취구경　　방편안립일
無所着이나 **善能修學成就究竟**하야 **方便安立一**

체 제 법
切諸法이라

　모든 부처님의 자재한 신통을 이미 얻었고 널리 일체 시방의 국토에서 백천만억 무수한 중생을 교화하고 조복하면서도 온갖 헤아림[數]에 비록 집착이 없으나, 능히 닦고 배워서 구경究竟까지 성취하고 방편으로 일체 법을 안정되게 건립하였습니다.

　법회에 모여 온 수많은 보살들은 모든 부처님의 자재한 신통을 이미 얻었다. 그들은 또 시방의 국토에서 백천만억 무수한 중생을 교화하고 조복한다. 또 능히 닦고 배워서 구경究竟까지 성취하고 방편으로 일체 법을 안정되게 건립하였다. 이것이 옛적에 여래와 함께 수행한 내용들이다.

여 시 등 백 천 억 나 유 타 불 가 설 무 진 청 정 삼 세
如是等百千億那由他不可說無盡淸淨三世
일체 무 량 공 덕 장 제 보 살 중　　개 래 집 회　　　재 어
一切無量功德藏諸菩薩衆이 **皆來集會**하야 **在於**

二十四. 도솔궁중계찬품兜率宮中偈讚品

佛所하시니 因光所見一切佛所도 悉亦如是라

이와 같은 등 백천억 나유타 말할 수 없이 많고 다함이 없이 청정한 삼세 일체의 무량공덕장 모든 보살 대중들이 다 모여 와서 부처님 계신 곳에 있었습니다. 광명으로 인하여 보이는 모든 부처님 처소에도 다 또한 이와 같았습니다.

"이와 같은 등"이란 앞에서 열거한 내용이다. 즉 옛적에 비로자나여래와 함께 수행하여 그 모든 지혜와 자비와 덕행을 갖춘 보살들이다. 그와 같은 보살들이 백천억 나유타 말할 수 없이 많고 많은 이들이다. 다함이 없이 청정한 이들이다. 삼세 일체의 무량공덕장을 갖춘 이들이다. 이들이 모두 부처님이 계신 곳에 모여 왔다. 그뿐만 아니라 광명으로 인하여 보이는 모든 부처님 처소에도 다 또한 이와 같았다. 이와 같은 덕행과 장엄을 갖춘 이들이 십회향법회에 동참하였다. 그들이 이제 부처님의 수승한 공덕을 노래로 찬탄할 것이다.

4. 시방에서 온 보살들이 찬탄하다

1) 동방 금강당金剛幢보살의 찬탄

(1) 부처님의 수승한 덕

1〉 고요하면서 항상 작용함을 밝히다

爾時에 金剛幢菩薩이 承佛神力하사 普觀十方
이시 금강당보살 승불신력 보관시방

하고 而說頌言하사대
 이설송언

그때에 금강당보살이 부처님의 신력을 받들어 시방을 두루 관찰하고 게송으로 말하였습니다.

드디어 시방에서 모여 온 보살 대중들 중에서 그 대표가 되는 보살들이 부처님의 깨달음과 덕행을 찬탄하는 게송을 부르게 되었다. 제일 먼저 동방 금강당金剛幢보살의 찬탄이다. 한 보살이 각각 4구씩, 모두 열 개의 게송이다. 굳이 열 개의 게송을 맞추는 것은 화엄경에서 바라보는 세상과 일체 존재의 원만성을 의미한 것이다.

〈1〉 생멸生滅이 없는 데서 생멸을 보이다

여래 불 출 세
如來不出世며

역 무 유 열 반
亦無有涅槃이로대

이 본 대 원 력
以本大願力으로

시 현 자 재 법
示現自在法하시니

여래는 세상에 나지도 않고
또한 열반도 없지마는
본래의 큰 원력으로
자재한 법을 나타내도다.

깨달음의 안목에서 일체 존재를 바라볼 때 본질은 불생불멸이다. 즉 생멸生滅이 없는 데서 현상은 생멸을 보이는 것이다. 여래도 역시 존재의 본질로서 일찍이 세상에 출현한 적이 없으며 열반에 든 적도 없다. 여래가 출현과 열반을 보이는 것은 중생을 교화하기 위해서 세운 큰 서원에 의한 방편이다. 그렇다 하더라도 일체 존재와 여래는 항상 불생불멸이다.

시법난사의
是法難思議라

비심소행처
非心所行處니

지혜도피안
智慧到彼岸하야사

내견제불경
乃見諸佛境이로다

이 법은 생각으로 헤아릴 수 없고
마음으로 요량도 할 수 없으니
지혜로 저 언덕에 이른 이라야
모든 부처님의 경계를 보게 되리라.

불생불멸의 도리는 쉽게 이해되지 않는다. 생사와 열반이 같은 것이라는 이치이기 때문이다. 언어나 생각으로 가슴에 와 닿는 것이 아니다. 존재의 본질에 대한 깨달음의 지혜가 있고 저 언덕에 이른 이라야 제법의 공한 모양은 불생불멸하다는 것을 분명하게 알게 된다.

〈2〉 색성色聲이 없는 데서 색성을 보이다

색신비시불
色身非是佛이며

음성역부연
音聲亦復然이로대

역불리색성
亦不離色聲하고

견불신통력
見佛神通力이어늘

육신이 부처 아니요
음성도 또한 그렇거니와
또한 육신과 음성을 떠나서
부처님 신통을 보는 것도 아니로다.

금강경에 "만약 육신으로써 나를 보거나 음성으로써 나를 구하면 이 사람은 존재의 본성을 모르고 삿된 길을 가는 사람이다. 결코 생명여래를 보지 못하리라."[4]라고 하였다. 그러나 화엄경은 그렇지 않다. 육신이나 음성을 떠나서 따로 여래의 신통작용을 찾는다면 그것도 역시 삿된 길을 행하는 것이다. 환화인 헛된 몸이 곧 법신이기 때문이다. 육신에서 법신을 보고 여래를 보아야 한다.

---

4) 若以色見我 以音聲求我 是人行邪道 不能見如來.

<ruby>少智不能知<rt>소 지 불 능 지</rt></ruby>하야사 　　<ruby>諸佛實境界<rt>제 불 실 경 계</rt></ruby>하나니

<ruby>久修淸淨業<rt>구 수 청 정 업</rt></ruby>하야사 　　<ruby>於此乃能了<rt>어 차 내 능 료</rt></ruby>로다

지혜가 적은 이는
부처님의 참된 경계 알지 못하니
청정한 업을 오래 닦아야
이것을 분명히 알 수 있으리.

육신과 음성으로는 여래를 볼 수 없다고 하였다가 다시 육신과 음성을 떠나서 달리 여래를 찾을 수 없다고 하니 깨달은 사람의 진실한 경계는 참으로 알 수 없는 것이다. 낮은 지혜로는 혼돈만 초래할 뿐이다. 이와 같은 이치에 대해서 큰 깨달음이 아니라면 깊은 사유라도 있어야 하리라.

〈3〉 거래去來가 없는 데서 거래를 보이다

<ruby>正覺無來處<rt>정 각 무 래 처</rt></ruby>며 　　<ruby>去亦無所從<rt>거 역 무 소 종</rt></ruby>이로다

청정묘색신　　　　　　신력고현현
清淨妙色身을　　　　**神力故顯現**이로다

정각正覺은 온 곳도 없고
가는 데도 또한 없건만
청정하고 미묘한 몸을
신력으로 나타내는 것이로다.

여래의 고요하면서 항상 작용하는 이치를 밝히는 것 중에서 여래의 정각正覺은 거래가 없으면서 거래가 있음을 보인다. 그래서 정각은 가는 데도 또한 없건만 청정하고 미묘한 몸을 신력으로 나타낸다 하였다.

2) 작용하면서 항상 고요함

무량세계중　　　　　　시현여래신
無量世界中에　　　　**示現如來身**하사

광설미묘법　　　　　　기심무소착
廣說微妙法하사대　　**其心無所着**이로다

한량없는 세계에서

여래의 몸 나타내 보여
미묘한 법을 널리 말씀하지만
그 마음은 집착이 없도다.

여래가 그렇고 생명이 그렇고 진여자성이 그렇다. 인연을 만나면 항상 부단히 작용하되 한편 항상 고요하다. 여래는 언제나 그와 같은 존재의 원리에 입각하여 늘 작용하면서 고요함을 떠나지 않는다. 모든 존재의 본질과 현상의 관계가 그렇고, 우리들 마음의 불변不變의 입장과 수연隨緣의 입장이 그렇다.

3) 걸림 없이 항상 자재함

지 혜 무 변 제
智慧無邊際하사

요 달 일 체 법
了達一切法하고

보 입 어 법 계
普入於法界하사

시 현 자 재 력
示現自在力이로다

지혜는 끝 간 데 없어서
일체 법을 분명히 알고

법계에 널리 들어가
자재한 힘을 나타내 보이도다.

여래의 지혜는 끝이 없어서 일체 법을 다 깨달아 안다. 그 지혜로 온 법계에 널리 들어가 자재한 힘을 나타내 보인다. 이것이 걸림 없이 자재함이다.

衆生及諸法에　了達皆無礙하고
普現衆色像하사　徧於一切刹이로다

중생과 모든 법에
분명히 깨달아 걸림이 없어
여러 가지 모양을 널리 나타내어서
일체 세계에 두루 하도다.

중생의 본질과 현상을 알고 제법의 본질과 현상을 깨달아 알아 유형과 무형에 걸림이 없으면서 온갖 모양을 나타내어 일체 세계에 두루 한다.

(2) 수행하기를 권하다

欲求一切智하야   **速成無上覺**인댄

應以淨妙心으로   **修習菩提行**이어다

일체 지혜를 구하여

위없는 깨달음을 빨리 이루려면

응당히 청정하고 묘한 마음으로

보리행을 닦을지어다.

    청정하고 묘한 마음으로 우리가 닦아야 할 보리행이란 곧 깨달음이다. 깨달음을 향한 수행이 곧 보리행이다. 보리행의 근본인 보리심은 곧 불심佛心이다. 불심은 깨달음의 지혜와 관음보살의 자비심을 위시하여 불교에서 말하는 좋은 마음, 훌륭한 마음, 선량한 마음, 정직한 마음, 효순하는 마음 등등을 모두 포함한 마음이다.

<small>약유견여래</small>　　　　　　<small>여시위신력</small>
若有見如來의　　　　　**如是威神力**인댄

<small>당어최승존</small>　　　　　　<small>공양물생의</small>
當於最勝尊에　　　　　**供養勿生疑**어다

만약 어떤 사람이
여래의 이러한 위신력을 보려거든
마땅히 가장 높으신 어른께
공양하고 의심을 내지 말지어다.

　가장 높으신 어른[最勝尊]이란 부처님과 일체 보살과 모든 사람과 나아가서 일체 생명을 다 포함한 말이다. 그 모든 어른께 공양을 올리라. 그리고 존귀한 생명에게 의심을 갖지 말라. 이것이 부처님께서 본래로 가지고 있는 위신력을 보는 길이다.

2) 남방 견고당堅固幢보살의 찬탄

爾時에 堅固幢菩薩이 承佛神力하사 普觀十方하고 而說頌言하사대
<small>이시 견고당보살 승불신력 보관시방 이설송언</small>

그때에 견고당보살이 부처님의 신력을 받들어 시방을 두루 관찰하고 게송으로 말하였습니다.

(1) 부처님의 수승한 덕을 찬탄하다

如來勝無比하사 甚深不可說이시니
<small>여래승무비 심심불가설</small>

出過言語道하사 淸淨如虛空이로다
<small>출과언어도 청정여허공</small>

여래는 수승하기 비길 데 없고
깊고 깊어 말할 수 없으며
말로 할 길을 뛰어나
청정하기 허공과 같도다.

여래를 이해하는 길이 몇 가지가 있다. 가장 단순한 이해는 형상이나 그림으로 표현한 불상을 이해하는 것이다. 다음은 2천6백여 년 전에 인도에서 80생애를 살다 가신 인간 부처님으로 이해하는 일이다. 다음은 심즉시불心卽是佛이라고 하여 마음이 곧 부처님이라고 이해하는 길이다. 다음은 인불사상人佛思想에 의한 사람이 곧 부처님이라고 이해하는 것이다. 화엄경에서의 이해는 앞에서 밝힌 그와 같은 부처님을 다 포함하여 일체 생명과 삼라만상, 천지만물을 모두 부처님이라고 이해하는 길이다. 즉 만유개불萬有皆佛사상이다. 그래서 그 모든 일체 존재로서의 여래는 수승하기 비길 데 없다. 깊고 깊어서 설명할 길이 없다. 언어의 길을 뛰어넘었다. 청정하기가 허공과 같다. 이것이 일체 부처님의 수승한 덕이다.

여 관 인 사 자
汝觀人獅子의

자 재 신 통 력
自在神通力하라

이 리 어 분 별
已離於分別하사대

이 령 분 별 견
而令分別見이로다

그대는 사람 중의 사자이신
자재한 신통력을 보라.
이미 분별을 여의었으나
그래도 분별로 보게 하도다.

  일체 부처님의 수승한 덕은 분별로써 이해하거나 보는 것이 아니다. 그러나 사람의 분별하는 능력을 버리고 달리 보는 길은 없다. 즉 분별을 떠난 분별이라야 부처님의 수승한 덕을 본다.

도사 위 개 연
導師爲開演

심 심 미 묘 법
甚深微妙法이실새

이 시 인 연 고
以是因緣故로

현 차 무 비 신
現此無比身이로다

깊고 깊은 미묘한 법
도사導師께서 연설하시니
이러한 인연으로
비길 데 없는 몸을 나타내도다.

존재의 실상은 참으로 깊고 깊으며 미묘 불가사의한 이치다. 중생을 인도하는 스승, 도사이신 여래께서는 그것을 깨달아 미혹한 중생들을 일깨워 주려고 중중첩첩으로 연설하셨다. 나누고 베푸는 일 중에 가장 우수한 진리의 가르침으로 베풀고 나누셨다. 그래서 그토록 미묘하고 아름다워 비교할 수 없는 모습을 갖추시었다.

(2) 수행하기를 권하고 이익을 말하다

1) 덕을 가리키고 의지하기를 권하다

차 시 대 지 혜
此是大智慧라   　　 제 불 소 행 처
諸佛所行處시니

약 욕 요 지 자
若欲了知者인댄   　　 상 응 친 근 불
常應親近佛이이다

이것은 큰 지혜라
모든 부처님이 행하시던 곳
이것을 알고자 하는 이는
항상 부처님을 친근하라.

부처님은 무엇을 위해 사셨는가. 큰 지혜를 위해 사셨다. 큰 지혜란 존재의 실상을 꿰뚫어 아는 깨달음으로 얻은 것이다. 만약 그와 같은 사실을 알고자 한다면 먼저 깨달으신 스승, 부처님을 항상 친근해야 한다.

2) 능히 불도에 들어가다

意業常淸淨하야 供養諸如來호대
終無疲厭心이면 能入於佛道로다

뜻으로 짓는 업 항상 청정해
모든 여래께 공양하여도
마침내 고달프거나 싫은 생각 없어야
부처님의 도에 들어가리라.

마음이 청정하고 늘 비어 있으면 일체 사람 부처님께 공양하더라도 피로해하거나 싫증을 내지 않는다. 이것이 불도에 들어가는 이익이다.

구 무 진 공 덕　　　　견 주 보 리 심
具無盡功德하야　　　**堅住菩提心**하면

이 시 의 망 제　　　　관 불 무 염 족
以是疑網除하야　　　**觀佛無厭足**이로다

끝없는 공덕 갖추고
보리심에 굳게 머물러
의심의 그물 없애 버리면
부처님 뵙기 싫어함이 없으리라.

　보리심에 머물러도 잠깐 있다가 다시 물러나는 경우가 많다. 그래서 끝없는 공덕을 갖춰서 그 공덕으로 보리심에 굳게 굳게 안주하여야 한다. 그래야 불법에 아무런 의혹이 없고 부처님을 친견하는 일에 싫어함이 없다.

통 달 일 체 법　　　　시 내 진 불 자
通達一切法하면　　　**是乃眞佛子**니

차 인 능 요 지　　　　제 불 자 재 력
此人能了知　　　　　**諸佛自在力**이로다

일체 법을 통달해야
진정한 불자이니
이런 사람은
모든 부처님의 자재하신 힘을 알리라.

일체 법이란 유상과 무상과 유정과 무정 일체 존재의 존재 원리며 존재의 실상이다. 또한 이러한 것을 환하게 통달하여 존재의 참다운 이치를 가르치신 가르침이다. 이 두 가지 입장을 다 통달하여야 진정한 부처님의 제자다. 일체 법의 참다운 이치를 모른다든지 또는 그 가르침을 모른다면 그는 부처님의 참다운 제자가 아니다.

3) 나아가 닦기를 권하다

광대 지 소 설
廣大智所說에

욕 위 제 법 본
欲爲諸法本이니

응 기 승 희 망
應起勝希望하야

지 구 무 상 각
志求無上覺이어다

광대한 지혜로 설하신 바는

의욕意欲이 모든 법의 근본이 됨이라
마땅히 수승한 희망을 일으켜
가장 높은 깨달음에 뜻을 두어 구하라.

의욕意欲이란 불법을 깨닫고자 하는 열정이다. 불법을 깨닫고자 하는 열정이 없는 사람은 수승한 희망을 일으키지도 못하며, 그를 지혜 있는 사람이라고도 할 수 없다. 그래서 의욕意欲이 모든 법의 근본이 된다고 한 것이다.

약 유 존 경 불
若有尊敬佛하야

염 보 어 불 은
念報於佛恩이면

피 인 종 불 리
彼人終不離

일 체 제 불 주
一切諸佛住로다

만약 어떤 사람이 부처님을 존경하여
부처님 은혜를 갚으려 하면
저 사람은 마침내
부처님 계신 데서 떠나지 않으리라.

불교를 믿고 공부하고 수행하는 사람은 누구나 부처님의 은혜를 입고 있다. 그래서 부처님의 은혜를 갚아야 한다고 가르친다. 부처님의 은혜를 갚는 방법에 대한 게송이 있다. "가령 부처님의 은혜를 갚으려고 부처님을 머리에 이고 수만 년을 지내거나, 이 몸이 드넓은 평상이 되어 부처님을 모시더라도, 만약 법을 전하여 사람들을 제도하지 아니하면 끝내 부처님의 은혜를 갚을 수 없으리라."[5] 부처님의 은혜를 갚는 길은 부처님이 가르치신 바른 법을 깊이 공부하고 그 법을 널리 전파하여 중생을 제도하는 것뿐이라는 사실을 밝힌 것이다.

하 유 지 혜 인
何有智慧人이

어 불 득 견 문
於佛得見聞하고

불 수 청 정 원
不修淸淨願하야

이 불 소 행 도
履佛所行道리오

어찌 지혜 있는 사람으로서

부처님을 친견하고 법문 들으면서

---

[5] 假使頂戴經塵劫 身爲床座遍三千 若不傳法度衆生 畢竟無能報恩者.

청정한 원을 닦지 않고
부처님이 행하신 길을 밟을 수 있으랴.

진실로 지혜가 있는 사람이라면 성인들의 가르침을 항상 가까이한다. 성인들 중에도 어떤 이가 진정한 성인인가를 분별할 줄 안다. 세상사와 인생의 진실한 모습이 무엇인가를 바로 깨달은 진정한 성인의 가르침을 배워서 청정한 원을 닦는다. 그래서 그들이 가신 길을 그대로 따라 행한다. 이것이 지혜 있는 사람의 삶이다.

3) 서방 용맹당勇猛幢보살의 찬탄

爾時에 勇猛幢菩薩이 承佛神力하사 普觀十方하고 而說頌言하사대

그때에 용맹당보살이 부처님의 신력을 받들어 시방을 두루 관찰하고 게송으로 말하였습니다.

(1) 부처님을 친견하다

譬如明淨眼이　　　　因日覩衆色인달하야

淨心亦復然하야　　　佛力見如來로다

비유컨대 밝고 깨끗한 눈이
태양으로 인하여 빛을 보나니
깨끗한 마음도 그와 같아서
부처님의 힘으로 여래를 보도다.

깨끗한 마음이란 지혜다. 어리석음을 소멸한 지혜의 안목을 밝은 태양과 밝은 눈에 비유한다. 부처님의 힘으로 여래를 본다는 것은 사람 사람이 본래로 가지고 있는 무사지無師智, 즉 스승으로부터 배운 지혜가 아니고 본래로 갖추고 있는 지혜로 자신이 예부터 변함이 없는 부처님인 것을 깨달아 안다는 뜻이다.

여이정진력	능진해원저
如以精進力으로	**能盡海源底**인달하야

지력역여시	득견무량불
智力亦如是하야	**得見無量佛**이로다

마치 정진하는 힘으로

능히 바다의 밑바닥을 다할 수 있나니

지혜의 힘도 또한 그와 같아서

한량없는 부처님을 보게 되리라.

    바다 밑이 아무리 깊다 하더라도 가장 밑까지 들어가는 훈련을 쌓고 또 쌓으면 끝내는 밑바닥까지 들어갈 수 있다. 부처님의 경지가 아무리 높다 하더라도 지혜의 힘을 기르고 또 기르면 끝내는 부처님의 경지에 이르게 될 것이다.

(2) 법을 듣다

비여양옥전	소종필자장
譬如良沃田에	**所種必滋長**인달하야

여시정심지	출생제불법
如是淨心地에	**出生諸佛法**이로다

마치 비옥한 밭에
뿌린 씨는 잘 자라듯이
깨끗한 마음밭도 그와 같아서
모든 부처님의 법이 출생하리라.

법문을 듣는 일이 이와 같다. 비옥한 밭에 씨를 뿌리면 곡식이 잘 자라듯이 청정한 마음밭에 부처님의 가르침을 잘 심으면 모든 부처님의 법이 출생하리라.

여인획보장
如人獲寶藏에

영리빈궁고
永離貧窮苦인달하야

보살득불법
菩薩得佛法에

이구심청정
離垢心淸淨이로다

어떤 사람이 보배창고 얻으면
빈궁한 고통 아주 여의나니
보살들도 불법을 얻으면
때를 여의고 마음이 청정하리라.

세상을 사는 데는 재보가 제일이다. 만약 재보를 얻으면 빈궁을 면하고 부유하게 살게 된다. 그와 같이 수행자가 부처님의 법을 만나면 번뇌의 때를 떠나고 그 마음은 청정하리라.

비 여 가 타 약　　　　능 소 일 체 독
譬如伽陀藥이　　　　**能消一切毒**인달하야

불 법 역 여 시　　　　멸 제 번 뇌 환
佛法亦如是하야　　　**滅諸煩惱患**이로다

마치 아가타阿伽陀 약이

모든 독을 소멸하듯이

부처님의 법도 그와 같아서

모든 번뇌를 소멸하나니라.

아가타阿伽陀라는 약은 인도 전설의 약으로서 이 약은 어떤 독이든지 모두 소멸한다. 이와 같이 부처님의 법도 모든 번뇌를 다 소멸한다. 부처님의 법으로 고치지 못할 번뇌는 없다. 그래서 8만장경을 8만4천 번뇌를 치료하는 8만4천 약

방문이라 한다.

> 진실선지식
> **眞實善知識**은 　　여래소칭찬
> **如來所稱讚**이시니
>
> 이피위신고
> **以彼威神故**로 　　득문제불법
> **得聞諸佛法**이로다

진실한 선지식은
여래의 칭찬하는 바라
그의 위신력으로
부처님의 법을 듣게 되느니라.

 누군가 진실한 선지식이 되고 진실한 법사가 되고 진실한 스승이 되어 여래의 칭찬하는 바가 된다면 그는 참으로 성공한 인생이리라. 그분으로 인하여 부처님의 진실한 법을 듣게 된다면 세존이 없는 말세에 얼마나 다행한 일이 되겠는가.

(3) 거짓을 버리고 참다운 것을 구하다

설 어 무 수 겁
設於無數劫에

재 보 시 어 불
財寶施於佛이라도

부 지 불 실 상
不知佛實相이면

차 역 불 명 시
此亦不名施로다

가령 한량없는 겁 동안
부처님께 재물을 보시하여도
부처님의 진실한 모습을 알지 못하면
이것은 보시라 할 수 없도다.

   대개의 많은 사람들은 자신의 복을 짓기 위해 부처님께 재물을 보시한다. 그것은 재물과 같은 복을 받기 위함이다. 그러나 부처님의 진실한 모습을 알지 못하면 재물을 보시하는 것으로는 보시라고 할 수 없다. 진정한 보시를 하려면 부처님의 마음을 알아서 그 마음에 맞는 보시를 해야 한다. 부처님의 마음을 안다는 것은 부처님의 진실한 모습[佛實相]을 아는 일이다. 부처님의 진실한 모습이란 마음과 부처와 중생이 본래의 동일한 생명체라는 것이다. 본래의 동일한 생명체는 하늘과 땅은 나와 같은 뿌리이고 만물은 나와 더불어 일체인 경지이다. 이와 같은 이치를 분명하게 알고 많은 사람들과 공유하는 것이 진정한 보시이다.

무 량 중 색 상	장 엄 어 불 신
無量衆色相으로	**莊嚴於佛身**이나
비 어 색 상 중	이 능 견 어 불
非於色相中에	**而能見於佛**이로다

한량없는 여러 가지 상호로
부처님 몸을 장엄하지만
그 여러 가지 상호에서
부처님을 보는 것은 아니니라.

  부처님의 상호相好를 32상相과 80종호種好로써 표현한다. 그림을 그릴 때나 불상을 조각할 때는 반드시 지켜야 할 조건이다. 이와 같은 상호가 있어야 부처님의 몸을 장엄한 것이라고 여기지만 그 상호가 진실한 부처님은 아니다. 그러므로 그 상호에서 부처님을 보는 것은 허상을 보는 것이다.

여래 등 정 각
如來等正覺이

적 연 항 부 동
寂然恒不動하사대

이 능 보 현 신
而能普現身하사

변 만 시 방 계
徧滿十方界로다

여래 등정각_{等正覺}은

고요하여 항상 동하지 않으나

널리 몸을 나타내어

시방세계에 충만하도다.

   여래 등정각_{等正覺}의 진실한 모습은 형상이 없다. 아무런 상호도 없다. 고요하고 적정할 뿐이다. 움직임도 없는 무상이다. 그러면서 중생들이 필요로 하는 몸을 마음껏 나타내어 시방세계에 충만하다. 이와 같은 이치를 적이상조_{寂而常照}라고 한다. 고요하면서 항상 비추고 있다는 뜻이다. 즉 본체는 고요하나 그 작용은 천변만화로 활발발하다. 여래 등정각_{等正覺}이 그러하듯 사람의 진여불성이 그러하며 일체 존재가 모두 그러하다.

비여허공계　　　　　　　불생역불멸
譬如虛空界가　　　　**不生亦不滅**인달하야

제불법여시　　　　　　필경무생멸
諸佛法如是하야　　　**畢竟無生滅**이로다

마치 끝없는 허공이
나지도 죽지도 않나니
모든 부처님의 법도 그러하여
끝까지 생멸이 없도다.

비유하자면, 마치 허공의 본체는 불생불멸하지만 그러나 그 허공에서 온갖 작용이 부단히 일어나며 무수한 세계와 무수한 우주가 생멸하고 변화한다. 부처님의 법도 그와 같이 변화와 작용과 공덕이 무한히 일어나고 사라지지만 그 본체는 영원히 불생불멸이다.

4) 북방 광명당光明幢보살의 찬탄

이시　　　광명당보살　　　승불신력　　　보관시방
爾時에　**光明幢菩薩**이　**承佛神力**하사　**普觀十方**

하고 而說頌言하사대
　이설송언

그때에 광명당보살이 부처님의 신력을 받들어 시방을 두루 관찰하고 게송으로 말하였습니다.

(1) 교화의 작용이 넓음을 찬탄하다

人間及天上　　　一切諸世界에
인간급천상　　　일체제세계

普見於如來　　　淸淨妙色身이로다
보견어여래　　　청정묘색신

인간에서 천상에서
또 모든 세계에서
여래의 청정하고도
미묘한 색신을 널리 보도다.

북방의 광명당光明幢보살은 큰 자비의 힘으로 지혜의 광명을 운용해서 첩첩이 어두운 어리석음을 밝게 하여 이르지 않는 데가 없기 때문에 광명당이라 하였다. 또 지혜로써 모든 선근으로 하여금 모든 곳에 다 이르게 한다. 그것은 곧 교화의 작용이 인간이나 천상에 크고 넓게 펼쳐짐을 보인 것이다.

(2) 교화의 작용이 깊고 깊음을 찬탄하다

비 여 일 심 력
譬如一心力이

능 생 종 종 심
能生種種心인달하야

여 시 일 불 신
如是一佛身이

보 현 일 체 불
普現一切佛이로다

마치 한 마음의 힘으로
가지가지 마음을 내듯이
이와 같이 한 부처님의 몸으로
모든 부처님을 나타내도다.

한 사람의 일생의 삶이 무수한 사람의 삶을 나타낸다. 세상에 태어나서 성장하면서 교육을 받고 사회 활동을 하는 과정을 살펴보면 무수한 삶을 볼 수 있다. 우리들의 마음도 실은 한 마음인데 헤아릴 수 없는 많은 마음을 나타낸다. 온갖 희로애락이 다 한 마음에서 변화한 모습이다. 부처님의 몸도 한 몸에서 일체 부처님의 몸을 나타내 보인다.

보 리 무 이 법	역 부 무 제 상
菩提無二法이며	**亦復無諸相**이로대
이 어 이 법 중	현 상 장 엄 신
而於二法中에	**現相莊嚴身**이로다

보리菩提는 두 법이 없고
또한 여러 모양도 없지만
두 가지 법 가운데
형상을 나타내어 몸을 장엄하도다.

일체 존재의 공적한 본질의 입장과 차별한 현상의 입장에서 치우치지 않고 중도적 안목으로 볼 때 깨달음에 두 가지 차별한 법이 없으며 또한 여러 가지 형상도 없다. 그러나 두 가지의 차별한 면에서 보면 온갖 형상을 나타내어 32상과 80종호로써 장엄한다. 이것이 결코 서로 상반되는 것이 아니고 조화와 융화다.

요 법 성 공 적
了法性空寂하사

여 환 이 생 기
如幻而生起하시니

소 행 무 유 진
所行無有盡이라

도 사 여 시 현
導師如是現이로다

법의 성품 공적함을 알지만

환술과 같이 일어나는 것

행하는 일 다하지 않나니

도사께서 이와 같이 나타내도다.

　존재의 본성인 법의 성품[法性]은 본래로 공적하다. 그래서 두 가지 모양이 없다. 그러면서 한편 환영과 같이 무한히 일어나고 다시 사라진다. 마치 바다의 물은 하나지만 바람을 따라 출렁이는 물결은 무수히 많은 것과 같다. 하지만 무수히 많은 물결도 결국은 하나의 바다일 뿐이다. 일체 존재의 본성은 그와 같다.

삼 세 일 체 불
三世一切佛이

법 신 실 청 정
法身悉清淨하사대

수 기 소 응 화 　　　　　보 현 묘 색 신
隨其所應化하야　　　**普現妙色身**이로다

삼세의 일체 부처님

법신이 다 청정하시나

응당히 교화할 중생을 따라

미묘한 육신 널리 나타내도다.

　삼세 모든 부처님은 곧 진리며 법이며 존재의 본성이다. 이러한 부처님의 법신은 텅 비어 청정하다. 그러나 한편 응당히 교화할 중생을 따라 미묘한 육신을 널리 나타낸다. 이것이 일체 존재의 존재 원리인, 참으로 공한 가운데 미묘하게 있고 미묘하게 있는 가운데 참으로 텅 비어 없는 도리이다. 부처님이 그렇고 마음이 그렇고 일체 존재가 다 그렇다.

여 래 불 념 언 　　　　　아 작 여 시 신
如來不念言　　　　　**我作如是身**이라하고

자 연 이 시 현 　　　　　미 상 기 분 별
自然而示現하사　　　**未嘗起分別**이로다

내가 이런 몸을 짓는다고
여래는 생각 않지만
저절로 나타내 보이므로
분별을 일으키지 않도다.

 참다운 이치에 입각한 여래는 모든 것이 저절로 이루어진다. 또 무심히 짓는다고도 한다. 지음이 없이 짓는 것이고 또한 짓되 지음이 없다. 철저히 무위無爲의 작용이다. 그래서 스스로 이와 같은 몸을 짓노라고 말하지 않는다. 일체 분별심이 없다.

법 계 무 차 별
法界無差別이며

역 무 소 의 지
亦無所依止로대

이 어 세 간 중
而於世間中에

시 현 무 량 신
示現無量身이로다

법계는 차별이 없으며
의지한 데도 없지마는
그러나 이 세간에

한량없는 몸을 보이도다.

　현실의 있는 그대로의 세계를 그대로 법의 세계, 곧 진리의 세계라는 뜻으로 법계라고 한다. 이것을 네 가지로 분류하면 4종 법계가 있다. 이理법계, 사事법계, 이사理事무애법계, 사사事事무애법계다. 또 성문, 연각, 보살, 불의 사성四聖과 지옥, 아귀, 축생, 아수라, 인간, 천신의 육범六凡을 10종 법계라고도 한다. 본래는 이 모든 현실이 차별이 없이 그대로 법의 세계지만 세간의 안목으로 한량없는 몸을 각각 다르게 나타낸다. 또 우주법계라 하여 드넓은 우주 공간과 공간 안에 있는 것이 모두 진리로서의 세계이므로 그렇게 부른다.

　　　불 신 비 변 화　　　　　　역 부 비 비 화
　　　佛身非變化며　　　　　　**亦復非非化**니

　　　어 무 화 법 중　　　　　　시 유 변 화 형
　　　於無化法中에　　　　　　**示有變化形**이로다

　부처님의 몸 변화한 것 아니고

변화하지 않음도 아니나
변화가 없는 법에서
변화한 형상이 있음을 보이도다.

부처님의 몸은 여러 가지로 해석된다. 인간 석가로 2천6백여 년 전에 이 땅에 오셨던 분도 부처님의 몸이다. 49년간 당신이 깨달으신 내용을 설파해 놓은 진리의 가르침도 부처님의 몸이다. 깨달음의 지혜도 또한 부처님의 몸이다. 시간과 공간을 초월하여 우주법계에 상주하는 법신이며 진리인 그 자체도 부처님의 몸이다. 이와 같이 변화가 없는 가운데 마음껏 변화한다. 변화하면서 또한 텅 비어 공적한 것이 부처님의 몸이다.

(3) 교화의 작용이 깊고 넓음을 찬탄하다

정 각 불 가 량
正覺不可量이라

법 계 허 공 등
法界虛空等하야

심 광 무 애 저
深廣無涯底하니

언 어 도 실 절
言語道悉絕이로다

정각은 헤아릴 수 없어
법계와 허공과 평등해
깊고 넓어 끝 간 데 없으매
언어의 길이 모두 끊어졌도다.

   세존의 바른 깨달음[正覺]은 그 양이 얼마인지 헤아릴 수 없다. 우주법계와 같다고 할까, 드넓은 허공과 같다고 할까. 그 깊이도 끝이 없으며 그 넓이도 끝이 없다. 그래서 언어의 길이 끊어지고 생각이 이르러 갈 수 없다. 이것이 정각의 양이다. 정각은 또는 대각 大覺이라고도 한다. 능엄경에 "허공이 대각 大覺 가운데서 생기게 된 것이 마치 바다에서 물거품이 하나 일어난 듯하고, 작은 먼지같이 무수한 유루 有漏 국토들[은하]이 모두 허공을 의지하여 생겼도다. 물거품이 소멸하면 허공도 본래 없거늘 하물며 다시 삼유 三有가 있겠는가?"[6]라고 하였다. 이것이 정각의 실상이다.

---

  6) 空生大覺中 如海一漚發 有漏微塵國 皆依空所生 漚滅空本無 況復諸三有. 〈능엄경〉

여래선통달	일체처행도
如來善通達	**一切處行道**하시니
법계중국토	소왕개무애
法界衆國土에	**所往皆無礙**로다

여래께서는

일체 행하는 길을 잘 통달하여

법계의 모든 국토에

다니는 바가 걸림이 없도다.

  바른 깨달음을 성취하신 여래께서는 어느 곳이든지 행하시는 길을 잘 통달하여 우주법계 한량없는 국토에 다니심이 걸림이 없다. 세상에서는 아무리 뛰어난 우주선을 만들어도 태양빛과 같은 속도로 다닐 수 없다. 태양빛의 속도는 초속 30만 킬로미터다. 태양에서 지구까지 오는 데 8분 20초가 걸린다. 그러나 시간과 공간을 아무런 장애 없이 넘나드는 정각正覺이라는 우주선은 수백억 광년의 거리도 순식간에 가고 온다. 이것이 법계의 모든 국토에 다니는 바가 걸림이 없음이다.

5) 동북방 지당智幢보살의 찬탄

爾時에 智幢菩薩이 承佛神力하사 普觀十方하고
而說頌言하사대

그때에 지당보살이 부처님의 신력을 받들어 시방을 널리 관찰하고 게송으로 말하였습니다.

(1) 믿기를 권하다

若人能信受　　　　一切智無礙하야

修習菩提行하면　　其心不可量이로다

만약 어떤 사람이
일체 지혜가 걸림 없는 줄을 믿어서
보리행 닦아 익히면
그 마음 헤아릴 수 없으리라.

일체 지혜란 모든 존재의 평등성과 차별성을 모두 꿰뚫어 아는 지혜다. 평등성이란 존재의 공성空性이며, 차별성이란 모든 존재의 눈에 보이는 그대로의 현상이다. 일체 존재의 이 두 가지 면을 걸림 없이 다 아는 지혜를 믿는다면 깨달음의 행을 수행하여 그 마음 광대하리라.

(2) 믿음의 수승한 덕

일 체 국 토 중　　　　　　보 현 무 량 신
一切國土中에　　　　　　**普現無量身**하사대

이 신 부 재 처　　　　　　역 부 주 어 법
而身不在處며　　　　　　**亦不住於法**이로다

일체 국토에
한량없는 몸 나타내시나
몸은 어떤 곳에도 있지 않고
또한 법에도 머물지 않도다.

불신佛身은 법계에 충만하다. 그러므로 법계 그대로가 한량없는 부처님의 몸이다. 그래서 몸이 특별히 어느 곳에 있는 것도 아니고 어떤 법에 고정되어 있는 것도 아니다.

  일 일 제 여 래
  一一諸如來의

  신 력 시 현 신
  神力示現身을

  불 가 사 의 겁
  不可思議劫에

  산 수 막 능 진
  算數莫能盡이로다

한 분 한 분 모든 여래의
위신력으로 나타내시는 몸을
불가사의한 겁 동안
다 헤아릴 수 없도다.

 부처님은 일체 국토에 한량없는 몸이 있고 한량없는 한 몸 한 몸이 다시 또 한량없는 몸을 나타내어서 불가사의한 겁 동안 헤아린다 해도 다 헤아릴 수 없다. 예컨대 사람의 한 몸은 60조의 세포 몸으로 되어 있고, 60조의 세포 몸은 각각 다시 60조의 몸이 있어서 한 몸이 3600조의 세포 몸으로 구성되었다. 한량없는 수의 몸이라면 그 수가 얼마나 되겠는가.

삼 세 제 중 생	실 가 지 기 수
三世諸衆生은	**悉可知其數**어니와
여 래 소 시 현	기 수 불 가 득
如來所示現은	**其數不可得**이로다

삼세의 모든 중생들

그 수효 다 알 수 있지만

여래의 나타내는 몸

그 수효 다할 수 없도다.

화엄경의 비밀을 푸는 열쇠는 "마음과 부처와 중생, 이 셋은 차별이 없다."는 것이다. 또한 "삼라만상과 산천초목이 낱낱이 모두 청정법신 비로자나부처님의 몸이다."라고 하였다. 굳이 중생과 여래를 나누어서 숫자가 많다거나 적다거나 할 일이 아니다. 만유개불萬有皆佛사상이 화엄경의 사상이기 때문이다.

혹 시 시 일 이	내 지 무 량 신
或時示一二와	**乃至無量身**하사

보현시방찰
普現十方刹하사대

기실무이종
其實無二種이로다

어떤 때는 하나거나 둘
혹은 한량이 없는 몸
시방세계에 널리 나타나지만
실제로는 두 가지가 없도다.

 부처와 중생과 마음은 하나이기도 하고 둘이기도 하고 또는 무량무변하기도 하다. 예컨대 바다의 물결이 천만 가지이지만 실은 하나의 바닷물인 것과 같다. 일체 존재가 근원은 하나다. 일체 존재의 근본인 공성空性에서 볼 때 만유는 모두 하나인 공성이다. 일체가 하나의 마음으로 인하여 생긴 것이라면 만유는 오직 마음 하나뿐이다. 과학적 안목으로 보더라도 45억 년 전 이 지구가 처음 생겼을 때 지금과 같은 여러 가지 요소가 있었겠는가. 단순한 하나의 불덩어리에서 출발하여 오늘날 이와 같은 모습으로 진화하였다. 생명만을 두고 보더라도 35억 년 전에 무슨 오늘날과 같은 가지가지 생명이 있었겠는가. 생명이랄 것도 없는 아주 작은 미물에서 오늘날과 같은 여러 가지로 변화하였다. 그러므로 생명도 물질도 그 근원은 하나다[其實無二種].

비 여 정 만 월
譬如淨滿月이

보 현 일 체 수
普現一切水에

영 상 수 무 량
影像雖無量이나

본 월 미 증 이
本月未曾二인달하야

마치 깨끗한 보름달이
모든 물속에 널리 비치어
그림자 비록 한량없지만
본래의 달은 둘이 아닌 듯하네.

영가스님은 증도가에서 "나의 성품이 일체의 성품과 원융하게 통하고 하나의 법이 일체 법을 두루 함유하였네. 한 개의 달이 모든 물에 널리 나타나고 모든 물에 있는 달이 하나의 달에 포섭되었도다. 모든 부처님의 법신이 나의 성품에 들어가고 나의 성품이 또한 여래와 함께 합하도다."[7]라고 하

---

7) 一性圓通一切性 一法徧含一切法 一月普現一切水 一切水月一月攝 諸佛法身入我性 我性還共如來合.

였다. 선사들은 이와 같이 의미심장하면서 많은 뜻을 포함하되 간결한 선어록을 자주 사용하였다.

여시무애지
如是無礙智로

보현일체찰
普現一切刹하사대

성취등정각
成就等正覺하사

불체역무이
佛體亦無二로다

이와 같은 걸림 없는 지혜로
등정각等正覺을 이루어
일체 세계에 널리 나타나지만
부처님 자체는 둘이 없도다.

부처님은 일체 존재의 실상인 진리로서 존재하면서 그 진리에 부합하는 걸림이 없는 지혜로 등정각을 이루어서 일체 세계에 수만 가지 모습으로 나타나 온 세상이 부처님으로 꽉 차 있다. 그러나 부처님의 본체, 즉 부처님의 실상은 두 가지 모양이 아니다. 법의 성품이 원융하여 두 가지 모양이 아닌 것과 같은 이치이다.

비일역비이   역부비무량
非一亦非二며   **亦復非無量**이나

수기소응화   시현무량신
隨其所應化하사   **示現無量身**이로다

하나도 아니고 둘도 아니고
또한 한량없는 것도 아닌데
교화할 중생을 따라서
한량없는 몸을 나타내 보이시도다.

  부처님의 몸은 하나도 아니고 둘도 아니고 또한 무량한 것도 아니다. 숫자에 걸림이 없으며 시간과 장소에도 걸림이 없다. 오로지 교화할 중생을 위해서 필요에 따라 한량없는 몸을 나타내 보인다.

불신비과거   역부비미래
佛身非過去며   **亦復非未來**라

일념현출생   성도급열반
一念現出生과   **成道及涅槃**이로다

부처님 몸 과거도 아니고
또 미래도 아니지만
잠깐 동안에 태어나고
성도하고 열반에 들도다.

또 부처님의 몸은 시간적으로 과거도 아니고 미래도 아니고 현재도 아니다. 삼세의 관념을 다 떠나서 존재한다. 존재도 아니고 비존재도 아니다. 그러면서 한순간에 시공을 초월하여 탄생과 성도와 열반을 나타내 보인다.

여 환 소 작 색
如幻所作色이

무 생 역 무 기
無生亦無起인달하야

불 신 역 여 시
佛身亦如是하사

시 현 무 유 생
示現無有生이로다

요술로 만드는 물건이
생김도 없고 또한 일어남도 없듯이
부처님 몸도 또한 그와 같아서
나타내 보이지만 나는 일 없네.

마술사들은 마술로 온갖 물건을 다 만들어 낸다. 특히 비둘기를 잘 만들어 날려 보낸다. 보자기와 실타래와 꽃과 심지어 사람까지도 만들어 낸다. 물론 모두가 눈속임이지만 보통 사람들의 눈에는 없던 물건을 만들어 내는 것과 같이 보인다. 부처님의 몸도 마술사의 마술처럼 온갖 몸을 나타내 보이지만 실재하는 것은 아무것도 없다. 그러므로 원융무애하다고 한다.

6) 동남방 보당寶幢보살의 찬탄

이 시   보 당 보 살   승 불 신 력   보 관 시 방
爾時에 **寶幢菩薩**이 **承佛神力**하사 **普觀十方**하고
이 설 송 언
而說頌言하사대

그때에 보당보살이 부처님의 신력을 받들어 시방을 널리 관찰하고 게송으로 말하였습니다.

(1) 생각하기 어려움을 나타내다

| 불 신 무 유 량 | 능 시 유 량 신 |
| **佛身無有量**하사대 | **能示有量身**하시니 |

| 수 기 소 응 도 | 도 사 여 시 현 |
| **隨其所應覩**하사 | **導師如是現**이로다 |

부처님 몸 한량없지만

한량 있음을 보이시나니

응할 이를 따라 보므로

도사께서 이와 같이 나타내도다.

부처님의 몸은 한량이 있기도 하고 한량이 없기도 하다. 일정하게 정해져 있지 않은 것은 교화할 중생들의 근기를 따르기 때문이다. 즉 부처님의 입장에서 몸이 나타나는 것이 아니라 중생의 입장에서 몸이 나타나기 때문이다.

| 불 신 무 처 소 | 충 만 일 체 처 |
| **佛身無處所**하사대 | **充滿一切處**하사 |

| 여 공 무 변 제 | 여 시 난 사 의 |
| **如空無邊際**하시니 | **如是難思議**로다 |

부처님 몸은 처소가 없지만
모든 곳에 가득차시니
허공이 끝이 없듯이
이와 같이 헤아릴 수 없도다.

부처님의 몸은 우주법계에 충만하다. 그래서 우주법계가 모두 부처님의 몸이므로 일정한 처소가 없다. 마치 허공이 변제가 없어서 헤아릴 수 없듯이 부처님의 몸도 그와 같다.

비 심 소 행 처
非心所行處라

심 불 어 중 기
心不於中起니

제 불 경 계 중
諸佛境界中엔

필 경 무 생 멸
畢竟無生滅이로다

마음으로 요량할 것도 아니며
마음이 그곳에서 일어난 것도 아니니
모든 부처님의 경계에는
필경에 생멸이 없도다.

부처님의 몸은 마음으로 헤아려 요량할 것이 아니다. 또 마음이 부처님의 몸에서 일어난 것도 아니다. 그래서 모든 부처님의 경계에는 끝내 생멸이 없다.

여 예 안 소 도   비 내 역 비 외
如翳眼所覩가   **非內亦非外**인달하야
세 간 견 제 불   응 지 역 여 시
世間見諸佛도   **應知亦如是**로다

마치 병난 눈으로 보는 것이
안도 아니고 바깥도 아니듯
세상에서 모든 부처님을 보는 것도
응당히 또한 이와 같은 줄 알지니라.

세간 사람의 안목으로 부처님을 바르게 보기란 쉽지 않다. 만약 눈에 병이 난 사람이라면 병난 눈으로 헛것을 보는 것은 눈 안에 있는 것을 보는 것도 아니고 눈 밖에 있는 것을 보는 것도 아니다. 그것은 병에 의한 헛것을 보는 것이듯 이 세상 사람들은 그와 같이 부처님을 보고 있다. 그러므로 우리가 부처님이라고 알고 있는 것은 모두 헛것임을 알고 있는 것이다.

요익중생고
饒益衆生故로

여래출세간
如來出世間하시니

중생견유출
衆生見有出이나

이실무흥세
而實無興世로다

중생을 이익하게 하려고
여래께서 세간에 출현하시니
중생들은 출현한 걸 보지만
실상은 출현한 일 없도다.

여래의 진실한 모습은 세상에 출현하신 것도 아니고 또한 출현하지 않은 것도 아니건만 중생들은 여래가 출현했다고 집착하여 부처님이 오신 날이라고 성대한 기념을 한다. 우주법계에 이미 존재하고 있는 진리가 중요한 것이다. 여래가 오고 오지 아니함은 진리와 무관하다.

(2) 시간을 멀리 뛰어났음을 보이다

불 가 이 국 토　　　　　주 야 이 견 불
不可以國土와　　　　**晝夜而見佛**이니

세 월 일 찰 나　　　　　당 지 실 여 시
歲月一刹那도　　　　**當知悉如是**로다

국토에서나 밤에나 낮에나
부처님을 볼 수 없나니
몇 해나 몇 달이나 한 찰나라도
마땅히 모두 이와 같이 알지니라.

　부처님은 시간과 공간을 멀리 뛰어났다. 국토도 뛰어났고 주야도 뛰어났고 몇 해나 몇 달이나 한 찰나도 다 뛰어났다. 굳이 대각大覺이나 정각正覺이라 하지 않더라도 모든 사람의 진여생명이나 일심생명이나 불성생명은 본래로 시간과 공간에 구애받지 않고 자유자재하다.

중 생 여 시 설　　　　　모 일 불 성 도
衆生如是說　　　　　**某日佛成道**나

여래득보리
如來得菩提는

실불게어일
實不繫於日이로다

중생들이 말하기를
어느 날 부처님 성도하셨다 하나
부처님이 보리를 얻음은
실로 날짜에 얽매이지 않도다.

부처님은 4월 8일에 탄생하시고, 2월 8일에 출가하시고, 12월 8일에 성도하시고, 2월 15일에 열반에 드셨다. 이것이 일반적으로 알고 있는 부처님에 대한 상식이다. 성도하신 날뿐만 아니라 모든 날짜들은 다만 중생들이 정식情識으로 사량하고 분별하여 말하는 것이다. 부처님은 정식을 초월한 존재이므로 실로 어떤 날짜에도 얽매이지 않는다. 부처님을 바르게 이해하려면 정식을 초월해야 한다.

여래이분별
如來離分別하사

비세초제수
非世超諸數하시니

삼세제도사
三世諸導師가

출현개여시
出現皆如是로다

여래는 분별을 떠나서
시간도 아니고 수량도 초월했으니
삼세의 모든 부처님이
출현하심도 다 이와 같도다.

　여래의 경지는 일체 사량분별을 초월하였다. 일체 시간이나 숫자를 뛰어넘었기 때문에 어떤 숫자로 여래를 알려고 하는 것은 옳지 않다. 태어난 날이라거나 성도한 날이라거나 열반에 드신 날이라거나 모두가 중생의 수준에서 하는 말이다. 과거 현재 미래의 모든 부처님은 다 이와 같다.

비 여 정 일 륜
譬如淨日輪이

불 여 혼 야 합
不與昏夜合호대

이 설 모 일 야
而說某日夜인달하야

제 불 법 여 시
諸佛法如是로다

마치 찬란한 태양은
어두운 밤과 합하지 않지만
사람들은 어느 날 밤이라 하나니

모든 부처님의 법도 그러하도다.

   태양은 언제나 밝게 빛나며 그 자리에 있다. 그런데 지구가 스스로 돌아서 태양을 등지고 있을 때 사람들은 어두운 밤이라고 한다. 다시 또 돌아서 태양을 향하게 되면 밝은 낮이라고 한다. 태양에 무슨 어두운 밤과 밝은 낮이 있던가. 지구에 사는 사람들이 자기가 처한 위치에 따라 그렇게 부를 뿐이다. 모든 부처님의 법은 항상 밝게 빛나고 있건만 중생들이 각자의 근기를 따라 소승교니 대승교니 반半교니 만滿교니 등등의 이름을 붙일 뿐이다.

삼 세 일 체 겁
三世一切劫이

이 설 삼 세 불
而說三世佛하나니

불 여 여 래 합
不與如來合호대

도 사 법 여 시
導師法如是로다

삼세의 일체 겁이
여래와 합하지 않지만
삼세제불을 설하나니

부처님의 법이 그러하니라.

여래의 경지에는 삼세니 일체 겁이니 하는 분별이 해당되지 않는다. 그런데 중생들의 수준에 맞춰서 편의상 온갖 숫자를 가설하여 설한다. 심지어 부처니 중생이니 하는 말도 모두가 편의상 만든 가설들이다.

7) 서남방 정진당精進幢보살의 찬탄

爾時에 精進幢菩薩이 承佛神力하사 普觀十方하고 而說頌言하사대

그때에 정진당보살이 부처님의 신력을 받들어 시방을 두루 관찰하고 게송으로 말하였습니다.

(1) 모든 부처님의 몸은 한결같다

一切諸導師가 身同義亦然하사
일체제도사 신동의역연

普於十方刹에 隨應種種現이로다
보어시방찰 수응종종현

일체 모든 부처님들
몸도 같고 이치도 또한 그런 것이니
시방세계에 두루 하여
마땅함을 따라 가지가지를 나타내도다.

일체 모든 깨달은 사람들은 그 깨달음의 법신이 모두 같다. 깨달음의 이치도 역시 똑같다. 만약 법신이 다르고 이치가 다르다면 그것은 깨달았다고 할 수 없다. 다 같이 깨달은 부처님으로서 시방세계에 두루 나타나서 교화할 바의 중생들을 따라 가지가지 형상을 나타낸다.

(2) 부처님의 몸은 시방세계에 두루 하다

汝觀牟尼尊의 所作甚奇特하라
여관모니존 소작심기특

충 만 어 법 계 　　　　　일 체 실 무 여
充滿於法界하사　　　**一切悉無餘**로다

그대는 모니牟尼 세존을 보라.

하시는 일 매우 기이하시어

법계에 가득하시니

온갖 곳에 남은 데 없도다.

불신충만어법계佛身充滿於法界 보현일체중생전普現一切衆生前이라 하였다. 부처님의 몸은 우주법계에 충만하여 일체 중생들 앞에 널리 나타난다. 우주법계 그대로가 부처님의 몸이다. 이와 같은 이치를 깨달아 아는 것이 화엄삼매며, 화엄의 지혜며, 화엄의 안목이다.

불 신 부 재 내 　　　　　역 부 부 재 외
佛身不在內며　　　　**亦復不在外**로대

신 력 고 현 현 　　　　　도 사 법 여 시
神力故顯現이시니　　**導師法如是**로다

부처님의 몸은 안에도 있지 않고

또한 밖에도 있는 것 아니지만
신력으로 나타내나니
도사導師의 법이 이와 같도다.

부처님의 몸은 우주법계에 충만하지만 그러나 안에 있는 것도 아니고 밖에 있는 것도 아니다. 부처님의 몸은 안팎이 없으며 원근도 없다. 또한 오고 감도 없다. 필요에 따라 신력으로 나타난다.

수 제 중 생 류
隨諸衆生類의

선 세 소 집 업
先世所集業하사

여 시 종 종 신
如是種種身으로

시 현 각 부 동
示現各不同이로다

모든 중생들의 종류와
전세前世에 지은 업을 따라
이와 같이 가지가지 몸으로
나타내심이 각각 다르도다.

세상에는 뭇 생명의 종류가 무량하고 무변하며 불가사의하다. 그들이 지은 업은 또 얼마나 많은가. 그와 같은 업의 종류대로 부처님은 몸을 나타낸다.

   제 불 신 여 시　　　　　　무 량 불 가 수
   諸佛身如是하사　　　　　**無量不可數**니

   유 제 대 각 존　　　　　　무 유 능 사 의
   唯除大覺尊하고　　　　**無有能思議**로다

모든 부처님의 몸 이와 같아서
한량없고 셀 수 없나니
대각大覺 세존을 제하고는
생각하여 헤아릴 수 없도다.

부처님의 몸은 오직 부처님만이 안다. 무량하고 무수하며 불가사의한 그 몸의 숫자와 나타내는 몸의 종류를 부처님 외에는 아무도 아는 이가 없다. 세존을 굳이 대각이라고 표현하는 까닭이 그것이다.

(3) 부처님의 몸은 불가사의하다

여 이 아 난 사
如以我難思를

심 업 막 능 취
心業莫能取인달하야

불 난 사 역 이
佛難思亦爾하야

비 심 업 소 현
非心業所現이로다

마치 '나'를 생각할 수 없어

마음 작용으로 취할 수 없듯이

부처님을 생각할 수 없음도 그와 같아서

마음의 작용으로 나타낼 바 아니로다.

'나'에 대해서 아무리 궁구해도 마음에 어떤 사물이 들어오듯이, 또는 손에 물건이 잡히듯이 그렇게 구체적인 것으로 다가서는 것이 아니다. 부처님에 대해서 그렇게 한량없이 궁구하고 천착하지만 생각으로 '이것이다.'라고 할 것이 없다. 부처님의 몸은 실로 불가사의하다.

여 찰 불 가 사
如刹不可思나

이 견 정 장 엄
而見淨莊嚴인달하야

| 불 난 사 역 이 | 묘 상 무 불 현 |
| **佛難思亦爾**하야 | **妙相無不現**이로다 |

세계를 생각할 수 없으나
청정하게 장엄한 것을 보듯이
부처님 생각할 수 없음도 그와 같아서
미묘한 모습 나타내지 아니함이 없도다.

무량무수한 세계를 생각하여 다 알 수 없다. 그러나 하나하나 아름답게 장엄되어 있는 그 면면을 보고 환희하듯이 부처님의 존재도 실로 불가사의하지만 부처님의 아름다운 32상과 80종호 등을 낱낱이 다 나타내 보인다.

비 여 일 체 법	중 연 고 생 기
譬如一切法이	**衆緣故生起**인달하야
견 불 역 부 연	필 가 중 선 업
見佛亦復然하야	**必假衆善業**이로다

마치 모든 법이
여러 인연으로 생기듯이

부처님을 친견함도 그와 같아서
여러 가지 선한 업을 반드시 빌려야 하네.

하나의 나뭇잎이 그 나무에 달리기까지 수많은 인연이 동원되어야 하듯이 일체 존재와 일체 법도 무수한 인연이 동원이 되어 그렇게 존재한다. 부처님을 친견하는 것도 반드시 무수한 인연이 동원되어야 친견할 수 있다. 부처님을 친견하는 일뿐만 아니라 일체사가 다 그와 같다.

비 여 수 의 주
譬如隨意珠가

능 만 중 생 심
能滿衆生心인달하야

제 불 법 여 시
諸佛法如是하야

실 만 일 체 원
悉滿一切願이로다

마치 뜻을 따르는 구슬[如意珠]이
중생의 마음을 만족케 하듯이
모든 부처님 법도 그와 같아서
일체 소원을 다 만족케 하도다.

세상에 진정 여의주如意珠가 있을까. 여의주니 도깨비방망이니 하는 것은 인간의 욕심이 어떠한가를 대변하는 가상의 이야기다. 만약 여의주가 있다면 그것은 곧 사람의 마음이리라. 그러나 마음대로 안 된다는 말을 가장 많이 하는 것도 또한 사람이다. 아무튼 여의주가 있어서 중생들의 마음을 만족하게 하듯이 부처님의 법도 그와 같이 일체 소원을 만족하게 한다. 그래서 불법이야말로 진정한 여의주다. 불법을 잘 알고 불법을 잘 수행하면 이루지 못할 것이 없기 때문이다.

무 량 국 토 중
無量國土中에

도 사 홍 어 세
導師興於世하시니

수 기 원 력 고
隨其願力故로

보 응 어 시 방
普應於十方이로다

한량없는 많은 국토에

도사導師께서 세상에 출현하심은

본래의 원력을 따름이라

시방에 널리 응하도다.

부처님이 이 세상에 출현하신 까닭은 중생을 교화하고자 하는 본래의 원력 때문이다. 그 원력에 의하여 한량없는 국토에 출현하여 오늘에 이른 것이다.

8) 서북방 이구당離垢幢보살의 찬탄

爾時_에 離垢幢菩薩_이 承佛神力_{하사} 普觀十方_{하고} 而說頌言_{하사대}

그때에 이구당보살이 부처님의 신력을 받들어 시방을 두루 관찰하고 게송으로 말하였습니다.

(1) 여래가 세간을 청정하게 하는 덕

如來大智光_이 普淨諸世間_{하나니}
世間旣淨已_에 開示諸佛法_{이로다}

여래의 큰 지혜 광명이
모든 세간을 두루 청정하게 하나니
세간이 이미 청정해지고 나면
모든 부처님이 법을 열어 보이도다.

여래는 자나 깨나 이 세상을 지혜와 자비로 청정하게 하려는 것이 비원悲願이다. 세상이 얼마나 혼탁한가. 얼마나 많은 온갖 비리와 부정과 부패와 협잡으로 썩어 있는가. 그래서 부처님은 앉으나 서나 세상을 청정하고 정직하고 올바르고 선량하고 정의롭게 하려는 마음뿐이다. 그것은 오로지 지혜와 자비의 불심佛心으로 가능하기 때문에 모든 부처님의 법을 열어 보인다.

설 유 인 욕 견
設有人欲見

중 생 수 등 불
衆生數等佛이라도

미 불 응 기 심
靡不應其心하야

이 실 무 래 처
而實無來處로다

가령 어떤 사람이

중생 수효와 같은 부처님을 보려고 하여
그들의 마음에 응하지 아니함이 없으나
실제로는 오는 곳이 없도다.

어떤 사람이 중생의 수와 같은 무수한 부처님을 보려고 하면 부처님은 그들의 마음에 다 응한다. 그러나 부처님은 어디로부터 오는 것이 아니다. 모두가 보려고 하는 그 사람의 마음 안에 이미 다 갖춰져 있기 때문이다.

이 불 위 경 계
以佛爲境界하야

전 념 이 불 식
專念而不息하면

차 인 득 견 불
此人得見佛호대

기 수 여 심 등
其數與心等이로다

부처님을 경계로 하고
오로지 생각해 쉬지 않으면
이 사람은 부처님을 친견하되
그 수효가 마음과 같으리라.

불교에는 염불念佛이라는 수행이 있다. 염불 수행은 부처님을 오로지 생각하는 대상으로 삼아서 쉬지 않고 소리 내어 읊조리고 마음으로 생각하는 것이다. 이와 같은 수행을 하는 사람은 부처님을 친견하는 그 수효가 자신의 마음과 더불어 동등하다.

> 성취백정법
> **成就白淨法**하야
> 구족제공덕
> **具足諸功德**하면
> 피어일체지
> **彼於一切智**에
> 전념심불사
> **專念心不捨**로다

희고 청정한 법[白淨法]을 성취하여
모든 공덕 갖추고
온갖 지혜에 대하여
오롯한 생각으로 버리지 않느니라.

희고 청정한 법[白淨法]이란 불교 수행의 궁극의 경지로서 가장 맑고 청정한 법이다. 곧 부처님 정각의 경지이므로 부처님이 갖춰야 할 모든 공덕을 다 구족한 경지이다. 맑고 청정한 법을 성취한 이는 일체 지혜에 전념하여 결코 버리지 않는다.

도 사 위 중 생
導師爲衆生하사

여 응 연 설 법
如應演說法하사대

수 어 가 화 처
隨於可化處하야

보 현 최 승 신
普現最勝身이로다

도사께서 중생 위하여
근기에 맞춰 법문을 연설하시네.
교화할 곳에 따라
가장 훌륭한 몸을 널리 나타내도다.

부처님이 세상에 출현하여 하시는 일이란 오직 중생을 위하여 당신이 깨달으신 진리를 가르치는 일이다. 일일이 근기와 수준을 따라 알맞은 몸을 나타내어 알맞은 법을 설하신다.

불 신 급 세 간
佛身及世間이

일 체 개 무 아
一切皆無我니

오 차 성 정 각
悟此成正覺하고

부 위 중 생 설
復爲衆生說이로다

부처님 몸이나 세간이나

일체가 '나'라 할 것 없나니

이것을 깨달아 정각 이루고

다시 중생 위해 설법하도다.

  부처님이 정각을 이루었다는 내용이 무엇일까? 이 문제는 불교에서 대단히 중요하게 생각하는 것이다. 이 게송에서는 일체가 무아無我라는 사실을 깨달아서 중생을 위해 설법하셨다고 하였다. 부처님의 몸이나 보통 사람의 몸이나 사람의 마음이나 저 풀 한 포기나 나무 한 그루나 무수한 은하계나 분자나 원자나 세포나 일체 존재는 어느 것 하나도 '나'라고 할 실체가 없다는 사실을 깨달아서 그것을 설법하셨다. 그렇다면 우리들 눈앞에 보이는 것은 모두가 이것과 저것이 합성하여 거짓으로 잠깐 이루어져 있다는 것이다. 이것을 모든 존재는 고정불변하는 실체로서의 나가 없다는 제

법무아諸法無我의 진리라 한다.

(2) 여래가 스스로 청정함을 말하다

一切人獅子가　　　　無量自在力으로
示現念等身하시니　　其身各不同이로다

모든 사람 가운데 사자이신 분이
한량없이 자재한 힘으로
생각과 평등한 몸 보이니
그 몸이 제각기 같지 않도다.

'생각과 평등한 몸'이란 일체 중생들이 각각 다르고 다시 시시때때로 다른 생각을 따라 필요로 하는 몸이다. 그 몸을 각각 다르게 다 나타내 보인다. 이것이 여래의 자재하고 청정함이다.

세 간 여 시 신　　　　　제 불 신 역 연
世間如是身과　　　**諸佛身亦然**에

요 지 기 자 성　　　　　시 즉 설 명 불
了知其自性이실새　**是則說名佛**이로다

세간의 이와 같은 몸과

모든 부처님의 몸도 그러하니

그 성품 분명히 알면

그 이름 부처라 하리라.

　위의 게송에서 "부처님 몸이나 세간이나 일체가 '나'라 할 것 없다."라고 하였다. 세간의 몸이나 모든 부처님의 몸이나 일체 존재에 고정된 자성으로서의 '나'가 없다. 이와 같은 실상을 아는 것이 곧 "그 성품 분명히 알면 그 이름 부처라 하리라."라는 이치이다.

여 래 보 지 견　　　　　명 료 일 체 법
如來普知見으로　**明了一切法**하사

불 법 급 보 리　　　　　이 구 불 가 득
佛法及菩提를　　　**二俱不可得**이로다

여래는 널리 알고 보시어
일체 법을 환히 아시니
부처님 법과 보리를
둘 다 얻을 수 없도다.

여래가 널리 알고 본다는 것은 일체 법의 독립된 자성이 없다는 사실을 환히 알아 끝내는 불법도 자성이 없고 보리도 자성이 없어서 둘 다 그 실체를 얻을 수 없다는 것이다. 불법도 보리도 그 자성을 얻을 수 없거늘 무엇인들 고정된 자성이 있겠는가.

도사무래거
導師無來去며

역부무소주
亦復無所住라

원리제전도
遠離諸顚倒실새

시명등정각
是名等正覺이로다

도사는 오고 가는 일 없고
또한 머무는 곳도 없나니
모든 전도顚倒를 영원히 여의면

이것이 이름이 등정각等正覺이로다.

앞에서는 불법과 보리가 자성이 없어서 얻을 수 없음을 설하였다. 여기에서는 도사이신 부처님마저 실체가 없어 오고 가는 일이 없으며 또한 머무는 곳도 없다고 하였다. 무엇이든 변하지 않는 그 실체가 있다고 아는 것은 전도된 견해이다. 존재의 실체가 있다고 아는 전도된 견해를 떠나면 그것이 곧 바르고 평등한 깨달음인 정등각이다.

9) 하방 성수당星宿幢보살의 찬탄

爾時_에 星宿幢菩薩_이 承佛神力_{하사} 普觀十方_{하고} 而說頌言_{하사대}
(이시 성수당보살 승불신력 보관시방 이설송언)

그때에 성수당보살이 부처님의 신력을 받들어 시방을 두루 관찰하고 게송으로 말하였습니다.

(1) 여래의 두루 한 덕

여래 무 소 주
如來無所住로대

보 주 일 체 찰
普住一切刹하사

일 체 토 개 왕
一切土皆往하시니

일 체 처 함 견
一切處咸見이로다

여래는 머무는 데 없으면서
모든 세계에 두루 머물며
일체 국토에 모두 가고
일체 곳에서 모두 보도다.

머무는 바가 없어야 모든 곳에 자유롭게 머문다. 만약 어디엔가 머물게 되면 더 이상 다른 곳에는 머물지 못하는 것이 이치이다. 여래는 머무는 바가 없기 때문에 모든 세계에 두루 머문다. 그래서 일체 국토에 다 가고 일체 국토에서 다 본다. 이것이 여래의 두루 한 덕이다.

불 수 중 생 심
佛隨衆生心하사

보 현 일 체 신
普現一切身하사

성도전법륜
成道轉法輪하시며

급이반열반
及以般涅槃이로다

부처님은 중생의 마음을 따라

온갖 몸을 나타내시어

도를 이루고 법륜을 굴리며

그리고 열반에 드시도다.

   부처님의 일생은 모두 중생들의 마음을 따른 것이다. 여러 가지 몸을 널리 나타내어 출생하시고, 사문유관하시며, 출가고행하시고, 성도하시어, 법륜을 굴려 중생들을 제도하시고, 또 열반에 드신 것이다.

제불부사의
諸佛不思議시니

수능사의불
誰能思議佛이며

수능견정각
誰能見正覺이며

수능현최승
誰能現最勝이리오

모든 부처님은 불가사의하시니

누가 능히 부처님을 생각하며

누가 능히 정각을 보고
누가 능히 수승한 몸 나타내리오.

모든 부처님은 불가사의하시다. 그러므로 어느 누구도 부처님에 대해서 헤아릴 수 없으며 생각할 수 없다. 부처님이 깨달으신 정각을 알 수도 없다. 또 부처님의 가장 수승하신 법신을 볼 수도 없다. 심지어 덕이 높은 성문 제자, 즉 사리불이나 목건련과 같은 이들마저 아름다운 화엄법회가 열리고 있다는 말을 듣고 모습만 바라보았지 무슨 이야기를 하는지, 어떤 내용을 설하는지, 누가 설하고 누가 듣는지 전혀 알 수 없었다고 한다.

(2) 중생들에게 응함이 자재하다

일 체 법 개 여
一切法皆如일새

제 불 경 역 연
諸佛境亦然이니

내 지 무 일 법
乃至無一法도

여 중 유 생 멸
如中有生滅이로다

일체 법이 모두 진여眞如요

모든 부처님의 경계도 또한 그러해
단 한 가지 법이라도
진여 속에 생멸이 있는 것이 아니로다.

  일체 법이 모두 진여생명의 연출이다. 부처님의 경계도 역시 진여생명의 연출이다. 진여생명의 연출이라면 죽고 태어나는 생멸은 하나도 없다. 일체 존재가 모두 불생불멸이다. 반야심경에서도 불생불멸이라 하였다. 법화경에서도 "이 법이 법의 지위에 머물러 세간의 실상들이 항상 머문다."[8]라고 하였다. 일체 법이 불생불멸이다. 다만 변화만 있을 뿐이다. 우리가 사는 이 지구가 35억 년 전에는 지금과 같은 생명체들이 아무것도 없었지만 오랜 세월 인연에 의하여 진화하고 변화한 산물로 지금과 같은 지구가 되었다. 그 요소마저 없던 것이 새로 생긴 것은 아니다. 모두가 진여생명이 진화하면서 연출해 낸 모습들이다.

---

8) 是法이 住法位하야 世間相이 常住라.

중생망분별　　　　시불시세계
衆生妄分別　　　**是佛是世界**아니와

요달법성자　　　　무불무세계
了達法性者는　　**無佛無世界**로다

중생들이 허망하게
부처라 세계라 분별하지만
법의 성품을 아는 이에겐
부처도 없고 세계도 없도다.

　법의 성품을 깨달아 아는 부처님의 경계에서는 실은 부처도 없고 중생도 없고 세계도 없다. 중생들을 깨우치기 위해서 편의상 이름을 지어 붙인 것이다. 또 중생들은 그 거짓 이름을 따라 망령되게 분별을 일으킨다. 이것이 오늘날 중생들의 현실이 되었다.

여래보현전　　　　영중생신희
如來普現前하사　**令衆生信喜**나

불체불가득　　　　피역무소견
佛體不可得일새　**彼亦無所見**이로다

여래가 널리 앞에 나타나
중생들에게 믿고 기쁘게 하지만
부처님 자체는 찾을 수 없고
그들도 또한 보는 것이 없어라.

여래는 신심과 수행과 깨달음과 철학과 문학과 그림과 조각과 음악과 춤과 노래 등 온갖 분야를 통해 중생들을 믿게 하고 기쁘게 하고 즐겁게 한다. 그러나 여래의 실체를 찾아보아야 찾을 길이 없다. 기뻐하는 중생도 또한 그 실체를 볼 수 없다. 일체 법은 공적하고 적멸한 것이 그 근본이기 때문이다.

약 능 어 세 간
若能於世間에

무 애 심 환 희
無礙心歡喜하면

원 리 일 체 착
遠離一切着하고

어 법 득 개 오
於法得開悟로다

만약 능히 세간에서
일체 집착을 멀리 여의면

걸림이 없고 마음은 환희하여
법에 대하여 깨달음을 얻으리라.

일체 법이 공적하고 적멸한 것을 깨달아 세상사에 일체 집착이 없으면 마음은 모든 것에 걸림 없이 자유로운 해탈감에서 환희만 충만하리라. 그것이 깨달음의 결과다.

신력지소현
神力之所現을

즉차설명불
卽此說名佛이니

삼세일체시
三世一切時에

구실무소유
求悉無所有로다

신력으로 나타낸 것을
곧 부처라 이름하나니
삼세의 일체 시간에
구하여도 아무것도 있지 않도다.

우리가 부처님이라고 보아 아는 것은 모두 진실한 부처님이 아니고 부처님의 신력으로 나타난 것이다. 일종의 작용이며 변화한 모습이다. 부처님뿐만 아니라 중생이라는 것도 일종의 작용을 보거나 변화한 모습을 보고 중생이라고 하는 것이다. 그래서 과거 현재 미래의 모든 시간에서 부처님의 실상을 구해도 있는 바가 없다.

약 능 여 시 지
若能如是知

심 의 급 제 법
心意及諸法하면

일 체 실 지 견
一切悉知見하야

질 득 성 여 래
疾得成如來로다

만일 능히 이와 같이
마음과 뜻과 모든 법을 안다면
일체 것을 모두 알고 보아
여래를 빨리 이루게 되리라.

부처님의 실체는 존재하지 않고 오직 신력이라는 작용으로 나타난 모습을 보고 부처님으로 알듯이, 그와 같이 마음을 알고 모든 법을 안다면 곧바로 여래를 알게 된다. 그렇다면 부처님도 중생도 마음도 뜻도 신력으로 나타난 것일

뿐이다. 예컨대 금은 어떤 금이든 그 형상으로써 금을 아는 것이다. 형상을 떠나면 금을 찾을 수 없는 것과 같다.

(3) 자재한 자취마저 떨어 버리다

언어중현시
言語中顯示

일체불자재
一切佛自在하시니

정각초어언
正覺超語言이어늘

가이어언설
假以語言說이로다

말로써 일체 부처님의
자재하심을 나타내 보이거니와
정각은 말을 초월했으나
말을 빌려서 설명하도다.

부처님도 중생도 마음도 정각도 또 그 작용도 모두 말을 빌려서 나타내 보인다. 그러나 실은 부처님이나 중생이나 마음이나 정각이나 그 작용까지 모두 말을 초월했다. 이것이 신력의 자재한 자취마저 떨어 버리는 이치이다.

10) 상방 법당法幢보살의 찬탄

爾時ᅄ 法幢菩薩이 承佛神力하사 普觀十方하고
而說頌言하사대

그때에 법당보살이 부처님의 신력을 받들어 시방을
두루 관찰하고 게송으로 말하였습니다.

(1) 사람들이 보고 듣기를 권하다

寧可恒具受   一切世間苦라도

終不遠如來하야   不覩自在力이로다

차라리 일체 세간의 고통을
항상 낱낱이 다 받을지라도
끝까지 여래를 가까이하여
자재한 힘을 보며 살리라.

다시 번역하면 "차라리 일체 세간의 고통을 항상 낱낱이 다 받을지라도 마침내 여래를 멀리하지 않을 것이며 여래의 자재하신 힘을 반드시 보며 살리라."라고 할 수 있을 것이다.

불법에 의지하여 여래를 가까이하며 여래의 자재한 능력과 지혜와 자비를 항상 보며 산다는 사실이 얼마나 다행한 일인지 모른다. 그러므로 "차라리 일체 세간의 고통을 다 받을지라도 마침내 여래를 멀리 떠나지 않을 것이며 여래의 자재한 힘을 보지 못하게 되는 일은 없게 할 것이다."라고 한 것이다. 여래를 소중히 여기고, 여래의 깨달음을 존중하고, 여래의 가르침에 감사하고, 불법의 심오한 내용과 지혜와 자비 등 일체 불법을 만난 것에 감동하는 뜻이 이와 같이 무겁다.

설사 오랜 세월을 감당하기 어려운 늙고, 병들고, 죽고, 가난하고, 무거운 짐을 나르고, 세상 사람들이 모두 기피하는 더러운 것을 대하고, 위험한 곳에서 일을 하는 등 일체 고통을 다 받는 한이 있더라도 여래를 만나서 여래의 가르침을 따르고 더욱이 법화경과 화엄경을 공부하게 되었다면 그 어떤 고통과 어려움도 다 상쇄가 되고 남으리라. 예컨대 백억이라는 불법의 재산을 가진 사람이 겨우 1억이라는 세간의 일체 고통쯤이야 무슨 상관이겠는가. 그와 같은 것으로 어찌 깊고 깊은 여래의 은덕과 비교할 수 있겠는가. 다시 또 비유하자면 천근만근 나가는 고통의 바위라 하더라도 크고 튼튼한 불법의 배 위에다 싣고 항해를 한다면 결코 바다에 빠질 위험도 없고 어려움도 없이 가볍게 저 언덕에 이르러 가는 것과 같으리라.

평생을 불교 공부를 해서 이와 같은 명언을 한 구절 만난다면 그동안의 정진은 이 한 구절로 그 공덕과 보상과 대가를 다 받고도 남음이 있다. 이 한 구절의 은혜를 어찌 갚으랴. 필자는 1963년 강원 대교반에서 화엄경을 처음 만난 이후 오늘에 이르기까지 50여 년에 걸쳐 이 한 구절을 만나기 위해 정진하였던 것이 아닌가 한다.

"차라리 일체 세간의 고통을 항상 낱낱이 다 받을지라도 마침내 여래를 멀리 떠나서 여래의 이름을 듣지 못하거나 법화경, 화엄경과 같은 정법을 듣지 못하고 알지 못해서 그 자재한 힘을 보지 못하게 되지는 않으리라."

아무리 심한 고통이 살을 저미더라도 화엄경을 공부하다가 이와 같은 명언을 듣게 된다면 그것으로 그동안의 일체 고통은 뜨거운 햇빛에 무서리가 녹듯이 말끔히 사라지리라. 밝고 밝은 아침 햇살에 밤에 내린 이슬은 흔적도 없이 증발되는 것과도 같으리라.

아! 태산 같아라, 불법의 은혜여.
바다 같아라, 화엄경의 은혜여.
하늘 같아라, 공부하는 은혜여.
우주법계 같아라, 여래의 자재하신 힘의 은혜여.

약 유 제 중 생
若有諸衆生이

미 발 보 리 심
未發菩提心이라도

일 득 문 불 명
一得聞佛名하면

결 정 성 보 리
決定成菩提로다

만일 모든 중생들이
아직 보리심 내지 못하였어도
부처님의 이름을 한 번 들으면

결정코 보리를 이루게 되리라.

부처님의 이름을 듣는다는 것은 이와 같은 수승한 인연이 된다. 만약 어떤 중생이 아직 보리심을 발하지 못했더라도 부처님의 이름을 한 번만 들으면 틀림없이 정각을 이루게 될 것이다. 그래서 중국이나 대만의 불자들은 인사를 할 때 "아미타불"이라고 소리 내어 인사를 한다. 그 이름을 한 번 듣는 것만으로도 성불의 인연이 되기 때문이다. 또 불자들은 축생을 보면 "대방광불화엄경"이라고 읊조린다. 경전의 이름을 듣고 축생의 과보를 면하라는 뜻이다. 부처님의 이름과 함께 "대방광불화엄경"이라는 경전의 이름은 이와 같이 신비한 영험이 있다.

약 유 지 혜 인
若有智慧人이

필 성 무 상 존
必成無上尊이니

일 념 발 도 심
一念發道心하면

신 막 생 의 혹
愼莫生疑惑이어다

만약 지혜 있는 사람이

한 생각에 도에 대한 마음을 내면
반드시 가장 높은 세존을 이루리니
삼가 의혹을 내지 말지니라.

도에 대한 마음을 낸다는 것은 마치 다이아몬드를 삼키는 것과 같아서 아무리 오랫동안 거름 무더기와 흙더미 속을 굴러다니더라도 그 성질은 결코 감소하지 않고 본래의 가치를 그대로 지니고 있는 것과 같다. 그러므로 한 번만 발심하면 반드시 가장 높은 세존을 이루리라.

여래 자 재 력
如來自在力을

무 량 겁 난 우
無量劫難遇니

약 생 일 념 신
若生一念信이면

속 증 무 상 도
速證無上道로다

여래의 자재하신 힘
무량겁에 만나기 어려워
만약 잠깐만 신심을 내어도
가장 높은 불도를 빨리 이루리라.

'여래의 자재하신 힘'이란 불법이 갖추고 있는 보리심과 불심과 해탈과 정각의 안목과 지혜에 의한 진리의 가르침과 8만4천 대장경과 일체 공부와 모든 수행법을 다 포함하여 한꺼번에 이르는 말이다. 이 모든 것에서 여래의 자재하신 힘이 나오기 때문이다. 이와 같은 불법은 참으로 만나기 어렵다. 만약 진리의 가르침인 어떤 한 구절에만 신심을 내더라도 가장 높은 불도를 빨리 이루리라.

(2) 중생들이 듣고 구하기를 권하다

설 어 염 념 중
設於念念中에

공 양 무 량 불
供養無量佛이라도

미 지 진 실 법
未知眞實法이면

불 명 위 공 양
不名爲供養이로다

설사 생각 생각마다
무량한 부처님께 공양한대도
진실한 법을 알지 못하면
공양이라 말할 수 없느니라.

부처님께 공양한다는 것은 부처님이 깨달으시고 그 깨달음을 가르치신 진실한 법을 잘 아는 일이다. 즉 불교의 진실한 법을 알지 못하면 아무리 큰 재산을 쏟아서 부처님께 공양한다 하더라도 올바른 공양이 아니다. 불공이 어떤 것인가를 명확하게 밝힌 가르침이다.

약문여시법
若聞如是法하면

제불종차생
諸佛從此生이니

수경무량고
雖經無量苦라도

불사보리행
不捨菩提行이니라

만약 이와 같은 법을 듣기만 해도
모든 부처님이 여기에서 출생하나니
비록 한량없는 고통을 겪더라도
보리의 행을 버리지 말지니라.

"이와 같은 법을 듣기만 해도 모든 부처님이 여기에서 출생한다."에서 이와 같은 법이란 여래의 자재하신 힘이다. 또한 화엄경의 가르침이다. 여래의 자재하신 힘과 화엄경의 가르침이란 부처님이 깨달으신 존재의 실상에 대한 일체 법과 그 법의 가르침이다. 이와 같은 법을 만나 비록 한량없는 고통을 겪더라도 보리를 이루려는 서원행을 버리지 말라.

일문대지혜
一聞大智慧와

보어법계중
普於法界中에

제불소입법
諸佛所入法하면

성삼세도사
成三世導師로다

크고 넓은 지혜와
모든 부처님이 들어가신 법을 한 번 들으면
널리 법계 가운데서
삼세의 대도사를 이루리라.

화엄경의 광대한 가르침은 깨달음의 지혜에서 설해진 것이다. 그리고 모든 부처님이 들어간 곳이 곧 이 화엄경이다. 이 가르침을 한 번만 들어도 반드시 성불하여 도사가 되리라.

수 진 미 래 제 　　　　　 변 유 제 불 찰
雖盡未來際토록　　　　 **徧遊諸佛刹**이라도

불 구 차 묘 법 　　　　　 종 불 성 보 리
不求此妙法하면　　　　 **終不成菩提**로다

비록 미래세상이 끝날 때까지
모든 부처님 세계에 두루 다녀도
이러한 묘한 법을 구하지 않으면
마침내 보리를 이루지 못하리라.

   불교라는 넓고 큰 세계에서 분야 분야마다 아무리 오랫동안 헤매면서 경험하고 배우더라도 만약 이 미묘한 법인 화엄경을 공부하지 아니하면 마침내 깨달음을 이루지 못한다. 많은 사람들이 부처님을 좋아하고 불법을 좋아하여 오랜 세월 동안 노력을 기울이기는 한다. 그러나 안타깝게도 엉뚱한 것에 심력을 쏟을 뿐 이와 같은 화엄경을 돌아보지는 않는다. 그래서 필자는 부족한 지혜와 서툴고 우둔한 글재주를 무릅쓰고 화엄경이라는 어마어마한 세계를 안내해 주고자 이와 같은 강설을 집필하게 되었다. 불교를 믿고 불교에 귀의하였으나 만약 화엄경을 모른다면 그는 평생을 잘못 살

아온 것이 틀림없으리라 믿는다.

중생무시래   생사구유전
衆生無始來로   **生死久流轉**하야
불료진실법   제불고흥세
不了眞實法일새   **諸佛故興世**로다

중생들 끝없는 옛적부터
나고 죽는 데서 오래 헤매고
진실한 법을 알지 못하므로
모든 부처님이 짐짓 출현하셨도다.

부처님께서 이 세상에 출현하신 뜻을 밝혔다. 중생들은 오랜 세월 생사에 흘러 다니면서 존재의 실상을 알지 못하여 고통을 받고 있다. 존재의 실상이란 진실한 법이다. 세상사나 인생사에 진실한 법을 깨달으면 생사를 해탈하여 윤회를 면한다. 부처님이 세상에 출현하신 것은 오로지 중생들의 해탈을 위해서다.

^{제 법 불 가 괴}
諸法不可壞며

^{역 무 능 괴 자}
亦無能壞者니

^{자 재 대 광 명}
自在大光明이

^{보 시 어 세 간}
普示於世間이로다

모든 법은 깨뜨릴 수 없고
또한 깨뜨릴 사람도 없어
자재하신 큰 광명
세간에 널리 보이도다.

  모든 법이란 법계에 이미 존재하는 참다운 이치다. 이 참다운 이치는 부처님이 만든 것도 아니고 보살이 만든 것도 아니다. 그러므로 깨뜨릴 수 없으며 깨뜨릴 사람도 없다. 세상에 본래부터 존재하는 참다운 이치는 걸림 없이 자재한 큰 광명이다. 세상을 밝게 비추는 밝은 빛이다.

  도솔궁중게찬품을 끝내면서 존재의 참다운 이치는 깨뜨릴 수 없으며 깨뜨릴 사람도 없다는 사실을 거듭 천명하였다. 그리고 부처님 깨달음의 법은 어두운 세상을 진리로 밝게 비추는 자재한 큰 광명이라는 사실을 분명히 하였다.

  실로 이 세상에는 스스로 진리라고 주장하는 가르침들

이 너무도 많다. 그 많고 많은 가르침 중에 이 화엄경과 같은 진리의 말씀이 있을까. 서양의 한 학자는 "부처님의 깨달음은 인류사에 있어서 가장 큰 사건이며, 그 큰 사건을 낱낱이 설파한 화엄경은 인류가 남긴 최고의 걸작이다."라고 하였다. 미세먼지에서부터 멀고도 먼 거리에 있는 우주법계에 이르기까지 일체 존재의 진실한 이치의 모습을 꿰뚫어 알고 이치와 같이 설파하여 세상에 큰 빛이 된 이 화엄경이야말로 무량무변한 가치를 지닌 경전임을 깨달아야 할 것이다.

도솔궁중게찬품 끝

대방광불화엄경 강설
제23권
二十五. 십회향품 1

화엄경 7처 9회 39품 중에서 제5회 법문의 본론인 제25 십회향품이다. 십회향법문은 제5회 법문의 본론이다. 부처님이 보리수나무 밑을 떠나지 않으신 채 도솔천에 올라가시는 내용과 도솔천에서 시방의 보살들이 각각 게송으로 부처님을 찬탄하는 두 품은 서론이다. 두 품의 길고 긴 서론이 끝나고 비로소 본론에 들어왔다. 서론이 길었듯이 십회향품은 80권 중에서 무려 10권 반이나 되는 매우 긴 품이다. 보살의 수행계위에서 보면 삼현십성三賢十聖 중 삼현의 끝이다. 삼현은 십주와 십행과 십회향이다. 십성은 십지十地의 지위를 말한다.

회향廻向은 흔히 회소향대廻小向大라 하여 작은 수행을 돌려서 보다 큰 수행으로 향한다는 뜻이다. 또 회자향타廻自向他라고 해서 자신의 이익이나 재산이나 수행이나 공부를 돌려서 모두 다른 이에게 드린다는 뜻이다. 불교의 수많은 용어 중에 '회향'이라는 말처럼 좋은 말도 흔치 않으리라 생각한다. 사업을 하여 재산을 모으거나, 공부를 많이 하여 지식이 쌓이거나, 수행을 하여 불도가 높아지거나 모두 다른 사람에게 회향하기 위한 준비 과정이라고 보는 것이 불교다.

만약 재산이나 지식이나 수행이 있고도 회향하지 않는다면 그것은 불자가 아니며 바람직한 사람이 아니다.

  금강당보살이 열 가지 회향을 설하면서 모두 중생회향과 보리회향과 진여실제에 회향하는 것을 밝혔다. 아래로는 대비심을 중생에게 베풀어 교화하기 위하여 중생에게 회향하는 것이며, 위로는 보리를 구하기 위하여 보리에 회향하는 것이며, 다음은 회향하는 사람이나 회향하는 이치가 고요하기 때문에 진여의 실제에 회향하여 그지없는 수행의 바다로 보현법계의 공덕을 성취하는 일을 설하였다.

1. 금강당金剛幢보살이 삼매에 들다

爾時_에 金剛幢菩薩_이 承佛神力_{하사} 入菩薩智光三昧_{하시니라}

그때에 금강당보살이 부처님의 신력을 받들어 보살지광菩薩智光삼매에 들었습니다.

열 가지 회향이라는 크나큰 설법을 시작하기에 앞서 삼매에 드는 내용을 밝혔다. 불교에서는 작은 행사를 하거나 단 한 시간의 설법을 하더라도 반드시 형식적이나마 입정을 한다. 열 가지 회향 법문을 설하면서 금강당보살은 보살지혜광명이라는 삼매에 들었다. 보살지혜광명이란 곧 모든 사람이 본래로 다 갖추고 있는 근본지혜다. 깨달은 성인이나 아직 깨닫지 못한 범부나 모두 본래로 갖추고 있는 이 근본지혜로써 뿌리를 삼는다. 본래 갖춘 근본지혜를 떠나서 무엇을 할 수 있겠는가. 그러므로 근본지혜의 힘에 의지하여 법을 설한다.

2. 부처님이 가피를 내리다

1) 미진수의 금강당부처님이 계시다

입시삼매이　시방각과십만불찰미진수세
入是三昧已에 **十方各過十萬佛刹微塵數世**

계외　　유십만불찰미진수제불　개동일호
界外하야 **有十萬佛刹微塵數諸佛**이 **皆同一號**호대

호금강당　　이현기전
號金剛幢이라 **而現其前**하시니라

　이 삼매에 든 뒤에는 시방으로 각각 십만 세계의 작은 먼지수효 세계를 지나서 십만 세계의 작은 먼지 수 같이 많은 부처님이 계시었습니다. 그분들의 명호는 다 같이 금강당부처님이었습니다. 모두 금강당보살 앞에 나타나셨습니다.

'십만 세계의 작은 먼지수효 세계를 지난 거리'는 얼마나 될까. 십만 세계를 작은 먼지로 만들었을 때 그 수효와 같이 많은 세계 밖이다. 요즘의 표현으로 대략 십억 광년쯤 멀리 떨어져 있는 거리라고 할 수 있다. 그 멀고 먼 세계 밖에 역시 그와 같이 많은 수효의 부처님이 계셨는데 그 부처님들의 이름은 똑같이 금강당이시다. 이 많은 부처님이 금강당보살 앞에 나타났다고 하였다. 금강당보살은 곧 십회향법문의 설법주이기 때문이다. 이 뜻은 삼매의 힘으로 우주만유와 혼연일체가 되면 미세먼지에서부터 무한 우주에 이르기까지 모두 자기 자신이 된다는 의미다. 어느 것인들 자기 아닌 것이 있겠는가. 우주만유가 자기가 되지 않는 것은 삼매의 힘이 부족한 탓이리라. 만약 삼매의 힘이 부족하면 설법을 할 수 없다.

2) 금강당보살을 찬탄하다

함 칭 찬 언　　　선 재 선 재　　　선 남 자　　　내 능 입
咸稱讚言 하사대　善哉善哉라　善男子야　乃能入

차보살지광삼매　　　선남자　차시시방각십만
此菩薩智光三昧로다 **善男子**야 **此是十方各十萬**

불찰미진수제불신력　　　공가어여　　역시비로
佛刹微塵數諸佛神力으로 **共加於汝**며 **亦是毘盧**

자나여래　왕석원력　　위신지력　　　급유여지
遮那如來의 **往昔願力**과 **威神之力**이며 **及由汝智**

혜청정고　　제보살선근증승고　　영여입시삼
慧淸淨故며 **諸菩薩善根增勝故**로 **令汝入是三**

매　　이연설법
昧하야 **而演說法**이니라

　다 함께 칭찬하여 말씀하였습니다. "선재 선재라. 선남자여, 그대가 능히 이 보살의 지혜광명삼매에 들었도다. 선남자여, 이것은 시방으로 각각 십만 세계의 미진수 모든 부처님들이 신력으로 다 같이 그대에게 가피하려는 것이며, 또한 비로자나여래의 지난 옛적 서원의 힘과 위신의 힘이며, 또 그대의 지혜가 청정한 연고며, 모든 보살의 선근이 더욱 수승한 연고로 그대로 하여금 이 삼매에 들어서 법을 연설케 하려는 것이니라."

　십만 세계의 작은 먼지 수같이 많은 금강당부처님들이 금강당보살이 삼매에 든 것에 대하여 찬탄하여 말씀하신 내용이다. 십만 세계의 작은 먼지 수같이 많은 부처님들의 신력으로 가피하여 삼매에 들었다. 또 비로자나부처님의 지난 옛적 원력과 위신력으로 삼매에 들었다. 또 금강당보살이 스스로 지혜가 청정하기 때문이며, 모든 보살의 선근이 더욱 수승하기 때문에 이와 같은 훌륭한 삼매에 들었다는 것이다. 한 보살이 삼매에 드는 것도 이와 같은 수많은 인연의 힘이 동원되었음을 밝혔다.

3) 가피하는 까닭을 밝히다

(1) 가피 이룰 것을 밝히다

위령제보살 득청정무외고 구부애변제
爲令諸菩薩로 **得淸淨無畏故**며 **具無礙辯才**

고 입무애지지고 주일체지대심고 성취무
故며 **入無礙智地故**며 **住一切智大心故**며 **成就無**

진선근고 만족무애백법고 입어보문법계
盡善根故며 **滿足無礙白法故**며 **入於普門法界**

故_며 現一切佛神力故_며 前際念智不斷故_며 得一切佛護持諸根故_{니라}

"모든 보살들로 하여금 청정하고 두려움 없음을 얻게 하려는 연고며, 걸림이 없는 변재를 갖추게 하려는 연고며, 걸림이 없는 지혜의 자리에 들어가게 하려는 연고며, 일체 지혜의 큰 마음에 머물게 하려는 연고며, 다함없는 선근을 성취하려는 연고며, 걸림이 없는 선한 법을 만족케 하려는 연고며, 넓은 문인 법계에 들게 하려는 연고며, 모든 부처님의 신력을 나타내려는 연고며, 지난 시절을 생각하는 지혜가 끊이지 않게 하려는 연고며, 일체 부처님께서 여러 근根을 보호하심을 얻으려는 연고이니라."

보살의 열 가지 회향을 연설하기 위해서 먼저 삼매에 들고 다시 십만 세계의 작은 먼지 수같이 많은 부처님으로부터 가피를 입게 된 것을 밝혔다. 그 많은 부처님들이 몸과 말과 뜻으로 가피를 내리는 데는 수많은 까닭이 있다. 그 까닭을 일일이 밝혔다. 그 많은 부처님들이 가피하신 것은 십회향법문의 토대가 되기 때문이다.

　모든 보살로 하여금 두려움을 없게 하고, 모든 보살로 하여금 무애변재를 갖추게 하고, 모든 보살로 하여금 걸림이 없는 지혜에 들어가게 하려는 등의 목적으로 금강당보살을 삼매에 들게 하고 가피를 입고 법을 연설하게 한 것이라는 것을 길게 설명하였다.

(2) 가피 지을 것을 밝히다

이무량문 광설중법고 문실해료 수
以無量門으로 **廣說衆法故**며 **聞悉解了**하야 **受**

지불망고 섭제보살일체선근고 성변출세
持不忘故며 **攝諸菩薩一切善根故**며 **成辨出世**

조도고 부단일체지지고 개발대원고 해석
助道故며 **不斷一切智智故**며 **開發大願故**며 **解釋**

실의고 요지법계고 영제보살 개실환희고
實義故며 **了知法界故**며 **令諸菩薩**로 **皆悉歡喜故**

수일체불평등선근고 호지일체여래종성
며 **修一切佛平等善根故**며 **護持一切如來種性**

고　소위연설제보살십회향
故니 **所謂演說諸菩薩十廻向**이니라

"한량없는 문으로 여러 가지 법을 연설하게 하려는 연고며, 듣고는 다 알아서 받아 가지고 잊지 않게 하려는 연고며, 모든 보살들의 일체 선근을 거두어들이게 하려는 연고며, 세상을 뛰어나는 돕는 도를 이루게 하려는 연고며, 일체 지혜의 지혜를 끊지 않게 하려는 연고며, 큰 서원을 개발하려는 연고며, 진실한 이치를 해석하려는 연고며, 법계를 깨달아 알려는 연고며, 모든 보살로 하여금 모두 환희하게 하려는 연고며, 일체 부처님의 평등한 선근을 닦게 하려는 연고며, 일체 여래의 종성種性을 보호하여 가지려는 연고이니, 이른바 모든 보살의 열 가지 회향을 연설하려는 것이니라."

다시 또 모든 보살들로 하여금 한량없는 문으로 여러 가지 법을 연설하게 하고, 모든 보살들로 하여금 듣고는 다 알아서 받아 가지고 잊지 않게 하고, 모든 보살들의 일체 선근을 거두어들이게 하고, 모든 보살들로 하여금 일체 여래의 종성種性을 보호하여 가지게 하고, 나아가서 모든 보살의 열 가지 회향을 연설하려는 등의 목적으로 금강당보살을 삼매에 들게 하고 가피를 입고 법을 연설하게 한 것이라는 것을 밝혔다.

4) 가피의 상相을 보이다

(1) 말의 가피를 밝히다

佛_불子_자야 汝_여當_당承_승佛_불威_위神_신之_지力_력하야 而_이演_연此_차法_법이니

得_득佛_불護_호念_념故_고며 安_안住_주佛_불家_가故_고며 增_증益_익出_출世_세功_공德_덕故_고며

得_득陀_다羅_라尼_니光_광明_명故_고며 入_입無_무障_장礙_애佛_불法_법故_고며 大_대光_광普_보照_조法_법界_계故_고며 集_집無_무過_과失_실淨_정法_법故_고며 住_주廣_광大_대智_지境_경界_계故_고며

得_득無_무障_장礙_애法_법光_광故_고니라

"불자여, 그대는 마땅히 부처님 위신의 힘을 받들어 이 법을 연설할 것이니, 부처님의 호념을 얻은 연고며,

부처님의 가문에 편안히 머문 연고며, 출세간의 공덕을 더하는 연고며, 다라니의 광명을 얻은 연고며, 장애 없는 불법佛法에 들어간 연고며, 큰 광명으로 법계를 널리 비추는 연고며, 허물없는 깨끗한 법을 모은 연고며, 광대한 지혜의 경계에 머문 연고며, 장애 없는 법의 광명을 얻은 연고이니라."

십만 세계의 작은 먼지 수같이 많은 부처님이 금강당보살에게 가피를 내리는데 먼저 말의 가피를 내리고 다음은 뜻의 가피를 내리고 다음은 몸의 가피를 내린다. "그대는 마땅히 부처님 위신의 힘을 받들어 이 법을 연설할 것이니, 부처님의 호념을 얻은 연고며, 부처님의 가문에 편안히 머문 연고며, 출세간의 공덕을 더하는 연고 등이다."라는 말씀이 곧 말의 가피다.

(2) 뜻의 가피를 보이다

이 시 제 불 즉 여 금 강 당 보 살 무 량 지 혜
爾時에 **諸佛**이 **卽與金剛幢菩薩無量智慧**하시며

여무유애변　　　여분별구의선방편　　　여무
與無留礙辯하시며 與分別句義善方便하시며 與無

애법광명　　　여여래평등신　　　여무량차별
礙法光明하시며 與如來平等身하시며 與無量差別

정음성　　　여보살부사의선관찰삼매　　　여
淨音聲하시며 與菩薩不思議善觀察三昧하시며 與

불가저괴일체선근회향지　　　여관찰일체법
不可沮壞一切善根廻向智하시며 與觀察一切法

성취교방편　　　여일체처설일체법무단변
成就巧方便하시며 與一切處說一切法無斷辯하시니

하이고　입차삼매선근력고
何以故오 入此三昧善根力故니라

　이때에 여러 부처님이 금강당보살에게 한량없는 지혜를 주고, 걸림이 없는 변재를 주고, 글귀와 뜻을 분별하는 좋은 방편을 주고, 걸림이 없는 법의 광명을 주고, 여래의 평등한 몸을 주고, 한량없이 차별하고 깨끗한 음성을 주고, 보살의 부사의하게 잘 관찰하는 삼매를 주고, 파괴할 수 없는 모든 선근으로 회향하는 지혜를 주고, 모든 법을 관찰하여 성취하는 공교한 방편을 주고, 모든 곳에서 온갖 법을 연설하는 끊임없는 변재를 주었으니, 무슨 까닭인가. 그것은 이 삼매에 들어간 선근의 힘이기 때문이니라.

다음은 십만 세계의 작은 먼지 수같이 많은 부처님이 금강당보살에게 마음과 뜻으로 가피를 내린 것이다. "한량없는 지혜를 주고, 걸림이 없는 변재를 주고, 글귀와 뜻을 분별하는 좋은 방편을 준다."는 것 등이 곧 그것이다.

(3) 몸의 가피를 보이다

爾時_에 諸佛_이 各以右手_로 摩金剛幢菩薩頂 하시니라

(이시 제불 각이우수 마금강당보살정)

그때에 여러 부처님들이 각각 오른손으로 금강당보살의 이마를 만지시었습니다.

또 십만 세계의 작은 먼지 수같이 많은 부처님이 각각 오른손으로 금강당보살의 이마를 만지셨는데 모든 것을 긍정하고 모든 것을 허락하면서 힘을 넣어 주는 몸의 가피다. 그

많은 부처님들이 이와 같이 삼업三業으로 금강당보살에게 가피를 내린 것은 십회향이라는 크나큰 법문을 부처님을 대신해서 설하라는 격려와 용기를 증명하여 보인 것이다. 수많은 부처님들로부터 이와 같은 격려를 입었다면 무슨 법인들 설하지 못하겠는가.

3. 금강당보살이 삼매에서 일어나다

금강당보살 득마정이   즉종정기
金剛幢菩薩이 **得摩頂已**하고 **卽從定起**하사

금강당보살은 이마를 만짐을 받고는 곧 선정으로부터 일어났습니다.

금강당보살은 말의 가피와 뜻의 가피와 몸의 가피를 다 받고 나서 곧 삼매로부터 일어났다. 삼매에서 일어나면 곧 설법을 하게 된다. 지금부터 10권 반이나 되는 길고 긴 십회향법문이 설해진다.

4. 금강당보살이 열 가지 회향을 설하다

1) 삼세 부처님의 회향을 배우다

告諸菩薩言_{하사대} 佛子_야 菩薩摩訶薩_이 有不可思議大願_{하야} 充滿法界_{하야} 普能救護一切衆生_{하나니} 所謂修學去來現在 一切佛廻向_{이니라}

모든 보살들에게 말하였습니다. "불자들이여, 보살마하살이 부사의한 큰 서원이 있어서 법계에 충만하여 일체 중생을 널리 구호하나니, 이른바 과거 미래 현재의 모든 부처님의 회향을 닦아 배우는 것이니라."

비로소 금강당보살이 입을 열었다. 보살마하살의 부사의한 큰 서원은 일체 중생을 널리 구호하는 것이다. 일체 중생을 널리 구호하는 것은 곧 과거 미래 현재의 모든 부처님의 회향을 닦아 배우고 실천하는 일이다. 다시 말하면 일체 중생을 구호하고 제도하고 교화하고 성숙하게 하고 성취하게 하는 것은 오로지 회향이라는 뜻을 밝혔다. 수행하는 보살에게 회향보다 더 좋은 일은 없으며, 일체 불자들에게 회향보다 더 훌륭한 일은 없으며, 모든 사람들에게 회향보다 더 시급한 일은 없을 것이다. 그와 같은 회향에 열 가지가 있고, 이제 비로소 장대한 열 가지 회향을 설하기 위해 금강당보살이 입을 열었다.

2) 십회향의 명칭

　　불자　　보살마하살　　회향　　유기종　　불자
　　佛子야 菩薩摩訶薩의 廻向이 有幾種고 佛子야

　　보살마하살　　회향　　유십종　　삼세제불　　함
　　菩薩摩訶薩의 廻向이 有十種하야 三世諸佛이 咸

공연설
共演說이시니

"불자들이여, 보살마하살의 회향에는 몇 가지가 있는가. 불자들이여, 보살마하살의 회향에 열 가지가 있나니, 삼세의 부처님들이 다 함께 연설하시느니라."

보살마하살의 회향에 열 가지가 있음을 밝혔다. 또 이 열 가지 회향은 과거 현재 미래의 모든 부처님들이 한결같이 설법하시는 내용이라는 점을 분명히 하여 영원히 변함없는 진리의 가르침이라는 것을 밝혔다.

하등   위십   일자   구호일체중생   이중
何等이 **爲十**고 **一者**는 **救護一切衆生**호대 **離衆**

생상회향   이자   불괴회향   삼자   등일체
生相廻向이요 **二者**는 **不壞廻向**이요 **三者**는 **等一切**

제불회향
諸佛廻向이요

"어떤 것이 열 가지인가. 하나는 일체 중생을 구호하

면서도 중생이라는 상相을 떠난 회향이요, 둘은 깨뜨릴 수 없는 회향이요, 셋은 일체 모든 부처님들과 평등한 회향이요."

'일체 중생을 구호하면서도 중생이라는 상相을 떠난 회향'이란 큰 자비로 일체 중생을 널리 구호하되 큰 지혜는 집착이 없기 때문에 중생이라는 상을 떠나게 되는 것이다. 이것은 넓고 큰 전도되지 않는 마음이다. '깨뜨릴 수 없는 회향'이란 불법승 삼보에 무너지지 않는 신심을 얻어서 이 선근으로 회향에 활용하는 것이다. '일체 모든 부처님들과 평등한 회향'이란 과거 현재 미래 모든 부처님이 지으신 회향을 수학하므로 모든 부처님과 평등하여지는 것이다.

사 자   지 일 체 처 회 향   오 자   무 진 공 덕 장
四者는 **至一切處廻向**이요 **五者**는 **無盡功德藏**
회 향   육 자   입 일 체 평 등 선 근 회 향
廻向이요 **六者**는 **入一切平等善根廻向**이요

"넷은 온갖 곳에 이르는 회향이요, 다섯은 다함이 없

는 공덕의 창고 회향이요, 여섯은 일체 평등한 선근善根
에 들어가는 회향이요."

'온갖 곳에 이르는 회향'이란 보살이 그 선근으로 하여금 모든 곳에 이르게 하는 것이다. '다함이 없는 공덕의 창고 회향'이란 회향함을 말미암아 능히 다함이 없는 공덕의 창고를 이루게 되는 것이다. '일체 평등한 선근善根에 들어가는 회향'이란 이치를 따라서 선근을 닦아 사事와 이理가 어기지 않고 평등한 데 들어가는 것이다.

칠자 등수순일체중생회향 팔자 진여
七者는 等隨順一切衆生廻向이요 八者는 眞如
상회향 구자 무박무착해탈회향 십자
相廻向이요 九者는 無縛無着解脫廻向이요 十者는
입법계무량회향 불자 시위보살마하살
入法界無量廻向이라 佛子야 是爲菩薩摩訶薩의
십종회향 과거미래현재제불 이설당설금
十種廻向이니 過去未來現在諸佛이 已說當說今

설
說이시니라

"일곱은 일체 중생을 평등하게 따라 주는 회향이요, 여덟은 진여眞如의 모양인 회향이요, 아홉은 속박도 없고 집착도 없는 해탈의 회향이요, 열은 법계에 들어가는 무량한 회향이니라. 불자들이여, 이것을 보살마하살의 열 가지 회향이라 하나니, 과거 미래 현재의 부처님들이 이미 말씀하셨고, 장차 말씀하실 것이고, 지금 말씀하시느니라."

'일체 중생을 평등하게 따라 주는 회향'이란 선근을 닦은 평등한 마음으로 중생을 수순하여 이익하게 하는 것이다. '진여眞如의 모양인 회향'이란 선근이 진여에 계합하여 회향을 이루는 것이다. '속박도 없고 집착도 없는 해탈의 회향'이란 형상에 속박되지도 않고 견해에 집착하지도 아니하여 그 작용이 자재하기 때문에 해탈이다. 부사의해탈과 같은 것이다. '법계에 들어가는 무량한 회향'이란 성품에 맞게 작용을 일으키는 것으로 법계선근으로써 법계에 회향하기 때문이다.

3) 제1 구호일체중생이중생상회향 救護一切衆生離衆生相廻向

(1) 보살이 선근을 닦아 염원하다

佛子야 云何爲菩薩摩訶薩의 救護一切衆生호대 離衆生相廻向고

"불자들이여, 무엇을 보살마하살의 일체 중생을 구호하면서도 중생이라는 상相을 떠난 회향이라 하는가."

佛子야 此菩薩摩訶薩이 行檀波羅蜜하며 淨尸波羅蜜하며 修羼提波羅蜜하며 起精進波羅蜜하며 入禪波羅蜜하며 住般若波羅蜜하야 大慈大悲大喜大捨로 修如是等無量善根하나니라

"불자들이여, 이 보살마하살이 보시 바라밀다를 행하

고, 지계 바라밀다를 청정히 하고, 인욕 바라밀다를 닦고, 정진 바라밀다를 일으키고, 선정 바라밀다에 들어가고, 지혜 바라밀다에 머물러서 대자대비大慈大悲 대희대사大喜大捨로 이와 같은 한량없는 선근을 닦느니라."

　선근을 닦는 내용과 선근을 닦을 때에 염원하는 내용으로 되어 있다. 먼저 육바라밀과 사무량심四無量心으로 선근을 닦는 내용이다. 이것을 또 열 가지 바라밀이라고도 한다. 육바라밀은 선근의 본체가 되고 사무량심은 선근의 작용이 된다.

　사무량심은 사등심四等心, 사범주四梵住, 사범당四梵堂이라고도 한다. '무량無量'이라는 말에는 무량한 중생을 대상으로 하며 무량한 복을 가져온다는 의미가 있다. 중생에게 한없는 즐거움을 주고 고통과 미혹을 없애 주기 위해 자慈, 비悲, 희喜, 사捨의 네 가지 무량한 마음을 일으키는 것이다. 자慈무량심이란 선한 중생을 대상으로 한 마음가짐으로서 번뇌로 괴로워하는 중생들에게 즐거움을 주는 것이다. 비悲무량심이란 악한 중생을 보고 슬퍼하여 그들의 괴로움을 없애 주려는 마음이다. 희喜무량심이란 청정한 수행을 닦는 중생을 보고 기뻐하고 격려하는 마음이다. 사捨무량심이란 모든 중생을 평등하게 보아 자타自他 애증愛憎 원친怨親의 차별을 없앤 마음으로 처음에는 자신과 아무런 관계가 없는 사람으로부터 시작해 점차로 친한 사람과 미운 사람에 대해 이 마음을 일으키도록 한다. 사무량심은 보살도를 행할 때 갖추어야 할 기본적인 마음가짐으로 자비심을 보다 구체적으로 확대시킨 것이다.

修善根時_에 作是念言_{호대} 願此善根_{으로} 普能饒益一切衆生_{하야} 皆使淸淨_{하야} 至於究竟_{하야} 永離地獄餓鬼畜生閻羅王等_의 無量苦惱_{라하니라}

"선근을 닦을 때에 이렇게 생각하느니라. '원컨대 이 선근으로 일체 중생을 두루 이익하게 하여 모두 청정하게 하며, 구경에는 지옥, 아귀, 축생, 염라왕 등의 한량없는 고통을 영원히 떠나게 하여지이다.'라고 하느니라."

　보살이 육바라밀과 사무량심으로 선근을 닦고 나서 염원하는 내용이다. 자신이 닦은 선근을 중생에게로 향하게 하는 것이다. 예컨대 재산을 태산처럼 모았다면 그것을 다른 사람을 위하여 의미 있게 잘 써야 하는 것과 같다. 수행을 아무리 많이 하였더라도 그 수행이 다른 사람에게 회향되지 아니하면 수행하지 않은 것과 같기 때문이다. 한마디로 정리하면 중생들의 이고득락離苦得樂을 위해서 육바라밀과 사무량심을 수행하는 것이다.

(2) 중생을 이익하게 하고 구호救護하다

보살마하살　　종선근시　　이기선근　　여시
菩薩摩訶薩이 **種善根時**에 **以己善根**으로 **如是**

회향　　아당위일체중생작사　　영면일체제고
廻向호대 **我當爲一切衆生作舍**니 **令免一切諸苦**

사고　　위일체중생작호　　실령해탈제번뇌고
事故며 **爲一切衆生作護**니 **悉令解脫諸煩惱故**며

위 일 체 중 생 작 귀　　개 령 득 리 제 포 외 고
爲一切衆生作歸니 **皆令得離諸怖畏故**며

"보살마하살이 선근을 심을 적에 자기의 선근으로 이렇게 회향하느니라. '내가 마땅히 일체 중생을 위하여 집이 되리니, 모든 괴로운 일을 면하게 하려는 연고이니라. 일체 중생을 위하여 구호救護가 되리니, 모든 번뇌에서 해탈케 하려는 연고이니라. 일체 중생을 위하여 귀의할 데가 되리니, 모든 공포를 떠나게 하려는 연고이니라.'

'내가 마땅히 일체 중생을 위하여 집이 되리니, 내가 마땅히 일체 중생을 위하여 구호救護가 되리니, 내가 마땅히 일체 중생을 위하여 귀의할 데가 되리니.'라고 하였다. 중생을 위하여 자신이 쌓은 일체 공덕을 중생에게 회향하는 마음이 잘 나타나 있다. 보살은 오로지 이와 같은 생각으로 사는 것이다.

위 일 체 중 생 작 취　　영 득 지 어 일 체 지 고　　위
爲一切衆生作趣니 **令得至於一切智故**며 **爲**

一切衆生作安이니 令得究竟安隱處故며 爲一切
衆生作明이니 令得智光滅癡暗故며 爲一切衆生
作炬니 破彼一切無明暗故며

'일체 중생을 위하여 나아갈 곳이 되리니, 일체 지혜에 이르게 하려는 연고이니라. 일체 중생을 위하여 안락처가 되리니, 마침내 편안한 곳을 얻게 하려는 연고이니라. 일체 중생을 위하여 광명이 되리니, 지혜의 빛을 얻어 어리석은 어둠을 멸하게 하려는 연고이니라. 일체 중생을 위하여 횃불이 되리니, 모든 무명의 암흑을 깨뜨리려는 연고이니라.'

'내가 마땅히 일체 중생을 위하여 나아갈 곳이 되리니, 내가 마땅히 일체 중생을 위하여 안락처가 되리니, 내가 마땅히 일체 중생을 위하여 광명이 되리니, 내가 마땅히 일체 중생을 위하여 횃불이 되리니.'라고 하였다. 이 얼마나 간절한 비원인가. 모름지기 보살은 이와 같이 생각하고 살아야 한다.

위일체중생작등 영주구경청정처고 위
爲一切衆生作燈이니 **令住究竟淸淨處故**며 **爲**

일체중생작도사 인기영입진실법고 위일
一切衆生作導師니 **引其令入眞實法故**며 **爲一**

체중생작대도사 여기무애대지혜고 불
切衆生作大導師니 **與其無礙大智慧故**라하나니 **佛**

자 보살마하살 이제선근 여시회향 평
子야 **菩薩摩訶薩**이 **以諸善根**으로 **如是廻向**하야 **平**

등요익일체중생 구경개령득일체지
等饒益一切衆生하야 **究竟皆令得一切智**니라

 '일체 중생을 위하여 등불이 되리니, 끝까지 청정한 곳에 머물게 하려는 연고이니라. 일체 중생을 위하여 길잡이가 되리니, 그들을 진실한 법에 들게 하려는 연고이니라. 일체 중생을 위하여 대도사大導師가 되리니, 걸림 없는 큰 지혜를 주려는 연고이니라.'라고 하느니라. 불자들이여, 보살마하살이 모든 선근으로 이와 같이 회향하여 일체 중생을 평등하게 이익 주며 구경에는 일체 지혜를 얻게 하느니라."

 또 '내가 마땅히 일체 중생을 위하여 등불이 되리니, 내가 마땅히 일체 중생을 위하여 길잡이가 되리니, 내가 마땅히 일체 중생을 위하여 대도사大導師가 되리니.'라고 하였다. 일체 중생을 위한 일이라면 보살은 무엇이든 다 된다. 마치 어머니가 어린 젖먹이 자식을 위해서는 불속에도 들어가고 물속에도 들어가는 심정 그대로다.

(3) 고통받는 이를 구호하다

1〉 친구 아닌 이를 친구로 여기다

불자   보살마하살   어비친우   수호회향
佛子야 菩薩摩訶薩이 於非親友에 守護廻向호대

여기친우   등무차별   하이고   보살마하살
與其親友로 等無差別이니 何以故오 菩薩摩訶薩이

입일체법평등성고   불어중생   이기일념비
入一切法平等性故로 不於衆生에 而起一念非

친우상   설유중생   어보살소   기원해심
親友想하며 設有衆生이 於菩薩所에 起怨害心이라도

보살   역이자안시지   종무에노   보위중
菩薩이 亦以慈眼視之하야 終無恚怒하고 普爲衆

生하야 作善知識하야 演說正法하야 令其修習하나니라

"불자들이여, 보살마하살이 친구가 아닌 이를 수호하고 회향하되 친구와 다름이 없게 하느니라. 무슨 까닭인가. 보살마하살이 일체 법이 평등한 성품에 들어간 연고로 중생에게 잠깐도 친구가 아니라는 생각을 내지 아니하며, 설사 어떤 중생이 보살에게 해치려는 마음을 일으키더라도 보살은 자비스러운 눈으로 보고 마침내 성내지 아니하며, 널리 중생들의 선지식이 되어 바른 법을 연설하여 그들로 하여금 닦아 익히게 하느니라."

티베트라는 나라는 1951년 모택동이 무력으로 점령한 이후 120만 명이 학살을 당했다고 한다. 그 과정에서 숱한 사람들이 고문과 학대를 받았음에도 중국 군인들을 혹시라도 미워하는 마음이 생길까 그것을 걱정하는 사람들이 있다고 한다. 보살은 친구가 아닌 이들을 친구로 생각하는 불청지우不請之友의 마음이 있다. 그래서 그들에게 선지식이 되어 바른 법을 깨우쳐 주려는 비원이 이와 같다.

2) 큰 바다에 비유하다

譬_비如_여大_대海_해를 一_일切_체衆_중毒_독이 不_불能_능變_변壞_괴인달하야 菩_보薩_살도 亦_역爾_이하야 一_일切_체愚_우蒙_몽이 無_무有_유智_지慧_혜하야 不_부知_지恩_은德_덕하며 瞋_진狼_랑頑_완毒_독하야 憍_교慢_만自_자大_대하며 其_기心_심盲_맹瞽_고하야 不_불識_식善_선法_법하는 如_여是_시等_등類_류의 諸_제惡_악衆_중生_생이 種_종種_종逼_핍惱_뇌라도 無_무能_능動_동亂_란이니라

"마치 큰 바다는 모든 독한 것으로도 변하게 할 수 없나니, 보살도 또한 그러하여 어리석고 지혜 없고 은혜도 모르고 성내고 심술궂고 완악하고 교만하여 잘난 체하고 마음이 캄캄하여 선한 법을 알지 못하는 그런 종류의 모든 나쁜 중생들이 갖가지로 못 견디게 굴더라도 능히 움직이게 할 수 없느니라."

바다에는 어떤 독약을 넣어도 모두 정화되고 만다. 심지어 송장마저도 물 밖으로 밀어낸다. 황하강의 그 누런 흙탕

물도 바다에 들어오면 모두 푸른 바닷물로 변한다. 그와 같이 보살에게는 그 어떤 어리석음과 성내고 심술궂고 완악하고 교만함으로 못 견디게 굴더라도 그를 동요하게 하지 못한다. 마치 수미산과 같아서 그를 움직이게 할 수 없다.

3) 태양에 비유하다

譬如日天子가 出現世間에 不以生盲不見故로
비여일천자   출현세간   불이생맹불견고

隱而不現하며 又復不以乾闥婆城과 阿修羅手와
은이불현   우부불이건달바성   아수라수

閻浮提樹와 崇巖邃谷과 塵霧煙雲인 如是等物之
염부제수   숭암수곡   진무연운   여시등물지

所覆障故로 隱而不現하며 亦復不以時節變改故로
소부장고   은이불현   역부불이시절변개고

隱而不現인달하니라
은이불현

"마치 태양[日天子]이 세간에 나타날 적에 소경들이 보지 못한다고 해서 숨어 버리지 아니하며, 또 건달바성이나, 아수라의 손이나, 염부제의 나무나, 높은 바위나, 깊은 골짜기나, 티끌, 안개, 연기, 구름 따위가 가린다고 해서 숨어 버리지 아니하며, 또 시절이 변천한다 해서 숨고 나타나지 않는 것이 아니니라."

다시 보살의 마음을 태양에다 비유하였다. 설사 맹인이 태양을 보지 못한다고 해서 태양의 빛이 없는 것이 아니다. 해가 서산으로 넘어갔다고 말하지만 해는 역시 그 자리에서 밝게 빛나고 있다. 또한 안개나 구름이나 기타 온갖 것이 해를 가린다 하더라도 보는 사람의 위치에 따라서 달라질 뿐이지 해는 결코 변함이 없다.

4) 법과 비유를 함께 해석하다

菩薩摩訶薩도 亦復如是하야 有大福德하며 其心深廣하며 正念觀察하며 無有退屈하며 爲欲究竟

功德智慧하며 於上勝法에 心生志欲하며 法光普照
하야 見一切義하며 於諸法門에 智慧自在하며 常爲
利益一切衆生하야 而修善法하며 曾不誤起捨衆
生心하나니라

"보살마하살도 그와 같아서 큰 복덕이 있고, 마음이 깊고 넓으며, 바른 생각으로 관찰하여 물러나지 않고, 공덕과 지혜에 끝까지 이르며, 높고 훌륭한 법에 뜻을 두어 구하며, 법의 광명이 두루 비치어 온갖 이치를 보며, 모든 법문에 지혜가 자재하여 항상 일체 중생을 이익하게 하려고 선한 법을 닦으며, 한 번도 그릇 실수하여 중생을 버리려는 마음을 내지 아니하느니라."

보살의 마음과 쌓은 지혜와 자비와 큰 공덕은 바다와 같으며 태양과 같아서 다른 사람의 방해에 흔들리거나 나쁜 사람들의 악행에 변하거나 보살행에서 물러서는 일이 없다.

5) 악한 중생에게도 선근을 회향한다

不以衆生_이 其性弊惡_{하야} 邪見瞋濁_{하야} 難可調
불이중생　　기성폐악　　사견진탁　　난가조

伏_{으로} 便卽棄捨_{하야} 不修廻向_{하고} 但以菩薩大願
복　　변즉기사　　불수회향　　단이보살대원

甲冑_로 而自莊嚴_{하야} 救護衆生_{하야} 恒無退轉_{하며}
갑주　이자장엄　　구호중생　　항무퇴전

"중생들의 성품이 추악하고, 소견이 잘못 들고, 성을 잘 내고, 흐리어 조복하기 어렵다 하여, 문득 버리고 회향하는 일을 닦지 않는 것이 아니니라. 보살은 오직 큰 원력의 갑옷으로 스스로 장엄하여 중생을 구호하고 잠깐도 퇴전하지 아니하느니라."

사람을 교화하기 위해서 온갖 못 볼 것을 다 보아 가며, 겪지 못할 것을 다 겪어 가며 노력하다가 그가 성품이 추악하고, 소견이 잘못 들고, 성을 잘 내고, 흐리어 조복하기 어렵다 하여 포기하고 물러서는 경우가 많다. 그러나 보살은 큰 서원의 갑옷으로 스스로를 장엄하여 결코 포기하거나 물러서지 아니한다.

불이중생 부지보은 퇴보살행 사보
不以衆生이 不知報恩으로 退菩薩行하야 捨菩

리도 불이범우 공동일처 사리일체여실
提道하며 不以凡愚가 共同一處로 捨離一切如實

선근 불이중생 삭기과오 난가인수 이
善根하며 不以衆生이 數起過惡하야 難可忍受로 而

어피소 생피염심
於彼所에 生疲厭心하나니라

"중생들이 은혜 갚을 줄을 모른다 하여 보살의 행에서 퇴전하여 보살의 도를 버리지 아니하느니라. 어리석은 범부들과 한 곳에 있다 하여 모든 진실한 선근을 버리지 아니하고, 중생들이 허물을 자주 일으켜도 참을 수 없다 하여 그들에게 싫증 내는 마음을 일으키지 아니하느니라."

중생들이 아무리 허물이 많다 하더라도 보살은 그 허물을 보지 않는다. 설사 은혜를 입고도 그 은혜를 모르고 도리어 원한으로 갚더라도 그들에게 싫증 내는 생각을 일으키지 않는다. 보살도를 행하는 사람은 결코 중생에 대해서 허물을 보지 않는다.

6) 비유를 들어 거듭 해석하다

何以故ㅇ 譬如日天子가 不但爲一事故로 出現世間인달하야 菩薩摩訶薩도 亦復如是하야 不但爲一衆生故로 修諸善根하야 廻向阿耨多羅三藐三菩提라 普爲救護一切衆生故로 而修善根하야 廻向阿耨多羅三藐三菩提하며

"왜냐하면 마치 해가 한 가지 일만을 위하여 세간에 나타나는 것이 아니듯이, 보살마하살도 또한 그와 같아서 한 중생만을 위하여 모든 선근을 닦아 아뇩다라삼먁삼보리에 회향하는 것이 아니고, 일체 중생을 널리 구호하기 위하여 선근을 닦아 아뇩다라삼먁삼보리에 회향하는 것이니라."

보살은 곧 이 세상의 태양이다. 태양은 한 가지 일만을 위하거나 한 중생만을 위해서 떠오르는 것이 아니다. 태양이 무수한 일을 위해서 떠오르듯 보살도 일체 중생을 교화하고 성숙시키기 위해서 선근을 닦아 최상의 깨달음에 회향하는 것이다.

여시부단위정일불찰고　부단위신일불고
如是不但爲淨一佛刹故며 **不但爲信一佛故**며

부단위견일불고　부단위료일법고　기대지원
不但爲見一佛故며 **不但爲了一法故**로 **起大智願**

회향아뇩다라삼먁삼보리
하야 **廻向阿耨多羅三藐三菩提**라

"이와 같이 한 부처님의 세계만을 깨끗이 하려 하거나, 한 부처님만을 믿으려 하거나, 한 부처님만을 친견하려 하거나, 한 법만을 알기 위하여서 큰 지혜와 원력을 일으켜 아뇩다라삼먁삼보리에 회향하는 것이 아니니라."

가장 높은 깨달음에 회향하는 일이 어찌 다만 한 세계만을 청정하게 하고, 한 부처님만을 믿고, 한 법만을 알고자 한 것이겠는가. 만약 보살의 회향이 이와 같다면 결코 바람직한 회향이 되지 못한다.

爲普淨一切佛刹故_며 普信一切諸佛故_며 普承事供養一切諸佛故_며 普解一切佛法故_로 發起大願_{하야} 修諸善根_{하야} 廻向阿耨多羅三藐三菩提_{니라}

"모든 부처님 세계를 두루 청정케 하고, 모든 부처님을 널리 믿고, 모든 부처님을 널리 받들어 섬기며 공양하고, 모든 부처님의 법을 널리 알고, 큰 서원을 세우고, 모든 선근을 닦아서 아뇩다라삼먁삼보리에 회향하는 것이니라."

모든 부처님 세계를 두루 청정케 하고, 모든 부처님을 널리 믿고, 모든 부처님을 널리 받들어 섬기며 공양하고, 모든 부처님의 법을 널리 알고자 최상의 깨달음에 회향하는 것이다. 태양과 같은 보살의 회향은 이와 같은 것이다.

(4) 회향하는 마음

佛子야 菩薩摩訶薩이 以諸佛法으로 而爲所緣하야 起廣大心과 不退轉心하야 無量劫中에 修習希有難得心寶하야 與一切諸佛로 悉皆平等이니라

"불자들이여, 보살마하살이 모든 부처님의 법으로 반연할 경계를 삼아 광대한 마음과 물러나지 않는 마음을 내고, 한량없는 겁 동안에 희유하고 얻기 어려운 마음의 보배를 닦아서 일체 모든 부처님으로 더불어 다 평등하나니라."

보살의 회향하는 마음은 모든 부처님의 법으로 반연할 경계를 삼는다. 그래서 광대한 마음과 퇴전하지 않는 마음을 일으킨다. 그리고 한량없는 겁 동안에 희유하고 얻기 어려운 마음의 보배를 닦아서 일체 모든 부처님으로 더불어 다 평등하게 되는 것이다.

菩薩이 如是觀諸善根하야 信心淸淨하며 大悲堅固하야 以甚深心과 歡喜心과 淸淨心과 最勝心과 柔軟心과 慈悲心과 憐愍心과 攝護心과 利益心과 安樂心으로 普爲衆生하야 眞實廻向하고 非但口言이니라

"보살이 이와 같이 모든 선근을 살펴보고, 신심이 청정하며, 대비심이 견고하여, 매우 깊은 마음과 환희한 마음과 청정한 마음과 가장 수승한 마음과 부드러운 마음과 자비한 마음과 불쌍히 여기는 마음과 거두어 보호

하는 마음과 이익의 마음과 안락한 마음으로써 널리 중생을 위하여 진실하게 회향하는 것이요, 입으로 말만 하는 것이 아니니라."

보살은 이와 같이 모든 선근을 관찰하고 신심이 청정해져서 매우 깊은 마음과 환희한 마음 등 열 가지 마음으로 널리 중생을 위해서 진실한 회향을 하는 것이다. 결코 말로만 하는 회향이 아니다.

(5) 회향하는 원願

佛子야 菩薩摩訶薩이 以諸善根으로 廻向之時에
불자 보살마하살 이제선근 회향지시

作是念言호대 以我善根으로 願一切趣生과 一切
작시념언 이이선근 원일체취생 일체

衆生이 皆得淸淨하야 功德圓滿하며 不可沮壞하며
중생 개득청정 공덕원만 불가저괴

無有窮盡하며 常得尊重하며 正念不忘하며 獲決定
무유궁진 상득존중 정념불망 획결정

慧하며 具無量智하야 身口意業의 一切功德으로 圓滿莊嚴이니라

"불자들이여, 보살마하살이 모든 선근으로 회향할 때에 생각하기를 '나의 선근으로써 원컨대 모든 갈래의 중생들이 모두 청정하여져서 공덕이 원만하여 파괴할 수 없게 되며, 다함이 없게 되며, 항상 존중하게 되며, 바르게 생각하고 잊지 아니하며, 결정한 지혜를 얻고 한량없는 지혜를 갖추어, 몸과 입과 뜻으로 짓는 업의 일체 공덕을 원만하게 장엄하여지이다.'라고 하느니라."

보살이 모든 선근으로 중생들에게 회향할 때에 바라는 바를 밝혔다. 자신이 선근 닦은 것을 다른 사람에게 베푸는 것을 회향이라 하는데 그 선근을 회향할 때에 다시 또 그 회향이 일체 중생에게 돌아가기를 염원하는 것이다.

우작시념　　이차선근　　영일체중생　　　승
又作是念호대 以此善根으로 令一切衆生으로 承

사공양일체제불　　　무공과자　　　어제불소
事供養一切諸佛하야 無空過者하고 於諸佛所에

정신불괴　　　청문정법　　　단제의혹　　　억지불
淨信不壞하야 聽聞正法하며 斷諸疑惑하야 憶持不

망　　　여설수행　　　어여래소　　　기공경심　　　신
忘하며 如說修行하야 於如來所에 起恭敬心하며 身

업청정　　　안주무량광대선근　　　영리빈궁
業淸淨하야 安住無量廣大善根하며 永離貧窮하야

칠재만족
七財滿足하며

"또 생각하기를 '이 선근으로써 일체 중생이 모든 부처님을 받들어 섬기며 공양하여 헛되게 지내지 아니하며, 모든 부처님 계신 데서 청정한 신심이 무너지지 않으며, 바른 법을 듣고 모든 의혹을 끊으며, 기억하여 잊지 아니하고 말한 대로 수행하며, 여래에게 공경하는 마음을 내고 몸으로 짓는 일이 청정하여 한량없이 광대한 선근에 편안히 머물며, 빈궁함을 영원히 여의고 일곱 재물[七財]이 만족하여지이다.' 라고 하느니라.

'나의 선근으로써 원컨대 모든 갈래의 중생들이 모두 청정해져서 공덕이 원만하여 파괴할 수 없게 되며' 등등의 생각을 계속해서 이어간다. '이 선근으로써 일체 중생이 모든 부처님을 받들어 섬기며 공양하여 헛되게 지내지 아니하기를' 염원한다. 일곱 가지 재물[七財]이란 청량스님은 십무진장품十無盡藏品에서 말하는 열 가지 장藏 중에서 앞의 일곱 가지 장이라고 하였다. 열 가지 장이란 신信장, 계戒장, 참慚장, 괴愧장, 문聞장, 시施장, 혜慧장, 염念장, 지持장, 변辯장이다.

於諸佛所에 常隨修學하야 成就無量勝妙善根하며 平等悟解하야 住一切智하며 以無礙眼으로 等視衆生하며 衆相嚴身하야 無有玷缺하며 言音淨妙하야 功德圓滿하며 諸根調伏하야 十力成就하며 善心滿足하야 無所依住하고 令一切衆生으로 普得佛樂하며

득무량주　주불소주
得無量住하야 **住佛所住**케하나니라

 "또 '모든 부처님 계신 데서 항상 따라 배우고 한량 없이 수승하고 묘한 선근을 성취하여 평등하게 깨달아 일체 지혜에 머물며, 걸림 없는 눈으로 중생을 평등하게 보며, 모든 상호로 몸을 장엄하여 흠이 없으며, 음성이 청정하고 아름다워 공덕이 원만하고, 모든 근根이 조복되어 열 가지 힘[十力]을 성취하며, 선한 마음이 만족하여 의지한 데 없는 데 머무르며, 일체 중생으로 하여금 부처님의 즐거움을 널리 얻게 하며, 한량없이 머무름을 얻어 부처님이 머무시는 바에 머물게 하여지이다.'라고 하느니라."

　보살이 모든 선근으로 중생들에게 회향할 때에 바라는 바를 밝히는 내용이 계속된다. 하찮은 공부와 수행으로도 그것을 다른 사람에게 가르치고 전수할 때는 바라는 바가 크다. 자신은 공부가 부족하더라도 배우는 사람은 깊고 넓게 이해해서 또 다른 많은 사람들에게 가르치고 전수하기를 바라는 것이다. 회향도 이와 같이 전전轉傳히 널리 나아가고 또 나아가기를 염원하는 것이다.

(6) 중생의 고통을 대신 받고 구호하다

1〉중생의 고통을 대신 받는 마음

불자   보살마하살   견제중생   조작악업
佛子야 菩薩摩訶薩이 見諸衆生이 造作惡業하야

수제중고   이시장고   불견불   불문법
受諸衆苦일새 以是障故로 不見佛하며 不聞法하며

불식승   변작시념   아당어피제악도중
不識僧하고 便作是念호대 我當於彼諸惡道中에

대제중생   수종종고   영기해탈
代諸衆生하야 受種種苦하야 令其解脫호리라하나니라

"불자들이여, 보살마하살이 모든 중생이 나쁜 업을 지어 온갖 여러 가지 고통을 받으며, 이런 장애로 부처님을 보지 못하고, 법을 듣지도 못하고, 스님네를 알지 못함을 보고는 생각하기를 '내가 마땅히 저 모든 악도에서 모든 중생들을 대신하여 갖가지 괴로움을 받고 그들을 해탈케 하리라.'라고 하느니라."

세상에는 참으로 여러 가지 고통이 있다. 그 모든 고통은 대개 악업을 많이 지었기 때문에 받는다. 악업을 지어서 고통을 받게 되면 그것이 또 장애가 되어 삼보三寶를 가까이 할 기회가 없다. 삼보를 가까이하지 못하면 진리의 가르침을 알지 못하고 어리석게 살게 된다. 보살은 이와 같은 사실을 보고 스스로 생각한다. '내가 마땅히 저 악도에 있는 중생들을 대신해서 가지가지 고통을 받고 그들을 고통에서 해탈하게 하리라.'라고 염원한다.

菩薩이 如是受苦毒時에 轉更精勤하야 不捨不避하며 不驚不怖하며 不退不怯하며 無有疲厭하나니 何以故오 如其所願하야 決欲荷負一切衆生하야 令解脫故니라

"보살이 이와 같이 괴로움을 받으면서도 더욱 정진하

여 버리지도 않고, 피하지도 않고, 놀라지도 않고, 공포스러워하지도 않고, 물러나지도 않고, 겁내지도 않고, 고달파하지도 아니하느니라. 무슨 까닭인가. 그가 서원한 대로 일체 중생을 책임지고 해탈케 하려는 연고이니라."

보살이 일체 중생의 일체 고통을 대신 받더라도 결코 그 고통을 버리지도 않고, 피하지도 않고, 놀라지도 않고, 공포스러워하지도 않고, 물러나지도 않고, 겁내지도 않고, 고달파하지도 않는 것은 보살이 본래 서원한 대로 일체 중생을 책임지고 해탈케 하려 하기 때문이다.

菩薩이 爾時에 作是念言호대 一切衆生이 在生 老病死諸苦難處하야 隨業流轉하고 邪見無智하야 喪諸善法하나니 我應救之하야 令得出離라하며

"보살이 그때에 생각하되 '일체 중생이 나고 늙고 병

들고 죽고 하는 여러 가지 고통 중에서 업을 따라 헤매고 삿된 소견에 지혜가 없어 모든 선한 법을 잃어버렸으니, 내가 마땅히 그들을 구호하여 벗어나게 하리라.'라고 하느니라."

중생들은 온갖 고통을 왜 받는가. 삿된 소견에 지혜가 없어서 세상의 이치를 모르고 모든 선한 법을 잃어버렸기 때문이다.

우제중생이 애망소전과 치개소부로 염착제유
又諸衆生이 **愛網所纏**과 **癡蓋所覆**로 **染着諸有**

수축불사 입고롱함 작마업행 복지
하야 **隨逐不捨**하며 **入苦籠檻**하야 **作魔業行**하며 **福智**

도진 상회의혹 불견안은처 부지출리
都盡하야 **常懷疑惑**하며 **不見安隱處**하고 **不知出離**

도 재어생사 윤전불식 제고어니 항
道하며 **在於生死**하야 **輪轉不息**하며 **諸苦淤泥**에 **恒**

소몰익
所沒溺이어든

"또 모든 중생들이 애욕의 그물에 얽매이고 어리석은 덮개에 덮이며, 모든 유_有에 물들어 따라다니고 버리지 못하며, 고통의 우리에 들어가고, 마군의 업을 지어 복과 지혜는 모두 없어지고, 항상 의혹을 품어 편안한 것을 보지 못하고, 벗어날 길을 알지 못하며, 나고 죽는 속에서 바퀴 돌듯 쉬지 못하고, 온갖 고통의 수렁에 항상 빠져 있느니라."

중생들의 얽히고설킨 삶의 모습을 낱낱이 밝혔다. 애착의 그물과 어리석음의 덮개와 모든 있음에 집착하는 등으로 온갖 고통의 수렁에 항상 빠져 있다.

菩薩이 見已에 起大悲心과 大饒益心하야 欲令
보살   견이   기대비심   대요익심   욕령

衆生으로 悉得解脫하야 以一切善根廻向하며 以廣
중생   실득해탈   이일체선근회향   이광

大心廻向하며 如三世菩薩所修廻向하며 如大廻
대심회향   여삼세보살소수회향   여대회

향경소설회향　　원제중생　　보득청정　　구
向經所說廻向하야 **願諸衆生**이 **普得淸淨**하고 **究**
경성취일체종지
竟成就一切種智니라

"보살이 그것을 보고는 크게 자비한 마음과 크게 이익하려는 마음을 일으키고, 중생들로 하여금 모두 해탈을 얻게 하여 일체 선근으로 회향하고 광대한 마음으로 회향하되 삼세三世 보살들이 닦는 회향과 같이 하며, 저 대회향경大廻向經에서 말한 회향과 같이 하여 '모든 중생들이 널리 청정함을 얻으며 구경에는 일체를 아는 지혜를 성취하여지이다.'라고 하느니라."

보살이 중생들의 얽히고설킨 삶의 모습을 보고는 큰 자비심을 일으켜서 크게 이익하게 하려고 일체 선근을 회향하는 내용이다. 대회향경大廻向經을 청량스님은 이렇게 설명하였다. "대회향경이란 현수賢首스님이 말씀하시기를 '원교圓敎에서 설한 보현보살의 회향과 같은 연고이다.'라고 하였다. 그러나 대장경 안에 대회향경이 있으나 이 가르침이 그것을 가리킨 것은 아니다. 만약 경전(화엄경)을 결집하면서 그 책을 따랐다면 이치에 옳을 것인가?"[9]

2) 회향하는 마음

復作是念호대 **我所修行**이 **欲令衆生**으로 **皆悉**
부 작 시 념   아 소 수 행   욕 령 중 생   개 실

得成無上智王이라 **不爲自身**하야 **而求解脫**이요 **但**
득 성 무 상 지 왕   불 위 자 신   이 구 해 탈   단

爲救濟一切衆生하야 **令其咸得一切智心**하야 **度**
위 구 제 일 체 중 생   영 기 함 득 일 체 지 심   도

生死流하야 **解脫衆苦**라하며
생 사 류   해 탈 중 고

"또 생각하되 '내가 닦은 행은 중생들로 하여금 가장 높은 지혜의 왕을 이루게 하려는 것이요, 나 자신을 위하여 해탈을 구함이 아니며, 다만 일체 중생을 구제하여 그들로 하여금 일체 지혜의 마음을 얻어 생사의 흐름에서 벗어나 모든 괴로움을 해탈케 하려는 것이로다.'라고 하느니라."

---

9) 【大迴向經】者. 賢首云 '如圓教所說普賢迴向故'. 然藏內有大迴向經 此教最初不應指彼. 若結集從簡 於理可然.

보살이 회향하는 마음을 밝혔다. "내가 닦은 행은 중생들로 하여금 가장 높은 지혜의 왕을 이루게 하려는 것이요, 나 자신을 위하여 해탈을 구함이 아니다." 이것이 보살의 회향하는 마음이다. 보살에게는 이미 자기 자신이 없은 지 오래다. 오로지 중생을 위해서 선근을 닦는다. 보살의 화두는 오로지 중생이기 때문이다.

復作是念_{호대} 我當普爲一切衆生_{하야} 備受衆苦_{하야} 令其得出無量生死衆苦大壑_{하고} 我當普爲一切衆生於一切世界_와 一切惡趣中_에 盡未來劫_{토록} 受一切苦_{호대} 然常爲衆生_{하야} 勤修善根_{이니}

"또 생각하되 '내가 마땅히 일체 중생을 위하여 온갖 고통을 갖춰 받으면서, 그들로 하여금 한량없이 나고 죽는 고통의 구렁텅이에서 뛰어나오게 할 것이며, 내가 널리 일체 중생을 위하여 일체 세계의 온갖 나쁜 갈래에서 미래의 겁이 다하도록 온갖 고통을 받으면서도 항상 중생을 위하여 선근을 부지런히 닦을 것이로다.'라고 하느니라."

또 보살은 "내가 마땅히 일체 중생을 위하여 온갖 고통을 갖춰 받으면서, 그들로 하여금 한량없이 나고 죽는 고통의 구렁텅이에서 뛰어나오게 하려는 것"뿐이다.

何以故^오 我寧獨受如是衆苦_{언정} 不令衆生_{으로}
하이고 아령독수여시중고   불령중생

墮於地獄_{하고} 我當於彼地獄畜生閻羅王等險難
타 어지옥   아당어피지옥축생염라왕등험난

之處_에 以身爲質_{하야} 救贖一切惡道衆生_{하야} 令得
지처   이신위질   구속일체악도중생   영득

解脫_{이라하나니라}
해탈

"'왜냐하면 내가 차라리 혼자서 이러한 고통을 받을

지라도 중생들을 지옥에 떨어지지 않게 할 것이며, 내가 마땅히 지옥, 축생, 염라왕 등의 험난한 곳에서 이 몸을 볼모로 잡히고 모든 악도의 중생들을 속죄贖罪하여 해탈을 얻게 하리라.'라고 하느니라."

보살의 중생을 향한 비원의 절정은 "내가 차라리 혼자서 이러한 고통을 받을지라도 중생들을 지옥에 떨어지지 않게 할 것이며, 내가 마땅히 지옥, 축생, 염라왕 등의 험난한 곳에서 이 몸을 볼모로 잡히고 모든 악도의 중생들을 속죄贖罪하여 해탈을 얻게 하리라."라는 것이다. 아무리 자기중심적이고 이기적이고 자기만 생각하는 사람이라도 이와 같은 위대한 가르침이 귓전으로 한 번만이라도 스치고 지나간다면 그 사람은 세세생생 악도에 떨어지지 않을 것이다. 회향의 잠나운 의미가 매우 잘 나타나 있는 경문이다.

3) 굳은 뜻으로 보호하는 마음

부 작 시 념　　　아 원 보 호 일 체 중 생　　　종 불 기
復作是念호대 **我願保護一切衆生**하야 **終不棄**

捨라하고 所言誠實하야 無有虛妄이니 何以故오 我爲
救度一切衆生하야 發菩提心이요 不爲自身하야 求
無上道며 亦不爲求五欲境界와 及三有中種種
樂故로 修菩提行이니

"또 생각하되 '나는 원하노니 일체 중생을 보호하여 마침내 버리지 아니하려 하나니, 내 말이 성실하여 허망하지 말아지이다. 왜냐하면 나는 일체 중생을 구호하여 제도하려고 보리심을 낸 것이요, 내 몸을 위하여 가장 높은 도를 구함이 아니며, 또한 다섯 가지 탐욕의 경계나 삼계[三有]의 갖가지 즐거움을 구하기 위하여 보리행을 닦는 것이 아니니라.'라고 하느니라."

"일체 중생을 구호하여 제도하려고 보리심을 낸 것이요, 내 몸을 위하여 가장 높은 도를 구하는 것이 아니다."라는 정신이 회향의 근본 정신이다.

하이고　　세간지락　　　무비시고　　중마경계
何以故오 世間之樂이 無非是苦며 衆魔境界라

우인소탐　　　제불소가　　일체고환　　인지이기
愚人所貪이요 諸佛所訶시니 一切苦患이 因之而起며

지옥아귀　　급이축생염라왕처　　분에투송
地獄餓鬼와 及以畜生閻羅王處에 忿恚鬪訟하고

갱상훼욕　　　여시제악　　개인탐착오욕소치
更相毀辱하는 如是諸惡이 皆因貪着五欲所致라

탐착오욕　　원리제불　　장애생천　　　하황득
耽着五欲에 遠離諸佛하야 障礙生天이어든 何況得

어아뇩다라삼먁삼보리
於阿耨多羅三藐三菩提아하니라

"'왜냐하면 세간의 낙이란 것은 모두 고통이요, 온갖 마군의 경계인지라 어리석은 사람이 탐하는 것이요, 부처님들이 꾸중하신 바이니라. 모든 괴로움이 이것으로 생기며, 지옥과 아귀와 축생과 염라왕의 처소는 성내고 싸우고 서로 훼방하고 능욕하나니, 이런 나쁜 일들은 다섯 가지 욕망을 탐하므로 생기는 것이니라. 다섯 욕망을 탐하면 부처님을 멀리 여의게 되고 천상에 나는 일을 장애하거든, 하물며 아뇩다라삼먁삼보리를 얻을 수 있으랴.'라고 하느니라."

그 까닭을 밝혔다. "세간의 낙이란 것은 모두 고통이요, 온갖 마군의 경계인지라 어리석은 사람이 탐하는 것이요, 부처님들이 꾸중하신 바이니라."라고 하였다. 지옥과 아귀와 축생과 같은 삶은 더 말할 나위 없이 다섯 가지 욕망을 탐하므로 생기는 것이다. 보살이 어찌 그와 같은 길을 가랴.

菩薩이 如是觀諸世間에 貪小欲味하야 受無量苦하고 終不爲彼五欲樂故로 求無上菩提하야 修菩薩行이요 但爲安樂一切衆生하야 發心修習하야 成滿大願하야 斷截衆生의 諸苦罥索하야 令得解脫이니라

"보살이 이렇게 세간에서 조그만 욕심을 탐하다가 한

량없는 고통 받음을 관찰하고는 마침내 저 다섯 가지 욕망을 위하여 가장 높은 보리를 구하거나 보살의 행을 닦지 아니하고, 다만 일체 중생을 안락케 하려고 마음을 내어 수행하여 큰 서원을 만족하며, 중생들의 고통의 오랏줄을 끊고 해탈을 얻게 하느니라."

세상 사람들은 어리석어서 조그만 욕심을 탐하다가 한량없는 고통을 받는다[貪小欲味 受無量苦]. 정곡을 찌른 명언이다. 언론 매체에서 쏟아져 나오는 매일매일 새로운 소식이라는 것이 모두가 이 소식이다. 사람들은 하루도 빠짐없이 이와 같은 교훈을 듣고 있건만 저지르고 다시 또 저지르는 것이 역시 그 일이다. 세간에서 천재지변을 제외한, 사람이 만든 일체 재앙과 고통은 모두가 탐욕과 분노와 어리석음이 그 원인이다. 이 탐진치 삼독만 잘 다스린다면 개인 사이의 다툼이나 집단 사이의 분쟁이나 나라 사이의 전쟁은 모두 사라지고 평화가 찾아올 것이다. 사람 사이의 일체 투쟁과 갈등은 다 사라지고 화합과 소통과 친화만이 넘쳐날 것이다. 보살은 일체 중생들로 하여금 이와 같은 일 없이 영원히 안락하게 하려고 모든 선근을 회향하는 것이다.

4) 중생들에게 낙樂을 얻게 하다

佛子야 菩薩摩訶薩이 復作是念호대 我當以善根으로 如是廻向하야 令一切衆生으로 得究竟樂과 利益樂과 不受樂과 寂靜樂과 無依樂과 無動樂과 無量樂과 不捨不退樂과 不滅樂과 一切智樂이라하나라

"불자들이여, 보살마하살이 또 생각하기를 '내가 마땅히 선근으로 이렇게 회향하고, 일체 중생으로 하여금 구경의 낙樂과, 이익하는 낙과, 받지 않는 낙과, 고요한 낙과, 의지한 데 없는 낙과, 변동하지 않는 낙과, 한량없는 낙과, 버리지 않고 물러나지 않는 낙과, 멸하지 않는 낙과, 일체 지혜의 낙을 얻게 하리라.'라고 하느니라."

보살은 일체 중생들로 하여금 고통만 없게 하려는 것이 아니라 일체 즐거움을 모두 받게 하려는 것이다. 즐거움에 대해서 열 가지를 열거하였다.

5〉 중생들을 위한 지혜의 횃불

復作是念호대 我當與一切衆生으로 作調御師하고 作主兵臣하야 執大智炬하고 示安隱道하야 令離險難하야 以善方便으로 俾知實義라하며 又於生死海에 作一切智善巧船師하야 度諸衆生하야 使到彼岸이니라

"또 생각하기를 '내가 마땅히 일체 중생을 위하여 조복하고 다스리는 스승[調御師]이 되고, 군대를 맡은 신하가 되어 지혜의 횃불을 들고 편안한 길을 보여 험난함을 여의게 하며, 좋은 방편으로 진실한 뜻을 알게 할 것이라.'라고 하느니라. 또 '나고 죽는 바다에서 일체 지혜와 훌륭한 기술을 가진 좋은 뱃사공이 되어 모든 중생들을 건네어 저 언덕에 이르게 하리라.'라고 하느니라."

보살이 중생을 위해서 하고 싶고 되고 싶은 일을 밝혔다. 조복하고 다스리는 스승, 조어사調御師다. 조어사는 본래 사

나운 야생마를 부릴 수 있고 사람에게 순종하는 말로 만드는 말몰이꾼을 일컫는다. 그와 같이 야생마처럼 억세고 강강하여 고집불통의 중생이라 하더라도 정직하고 착하고 부드러운 사람으로 만들고자 하는 것이다. 역시 지혜의 횃불이 있어야 한다. 또 군대를 맡은 신하가 된다는 것은 한 나라의 군대를 책임진 사람으로서 손무나 제갈량과 같은 사람이 된다는 것이다. 역시 지혜의 횃불이 있어야 한다. 훌륭한 기술을 가진 좋은 뱃사공이 된다는 것도 수많은 사람의 생명을 책임진 소임이기에 그도 또한 지혜가 없으면 안 되는 일이다. 이것이 보살이 중생을 위하여 되고 싶고 하고 싶은 일이다.

6) 중생들의 행원을 구족하게 하려는 회향

佛子야 菩薩摩訶薩이 以諸善根으로 如是廻向하나니 所謂隨宜救護一切衆生하야 令出生死하며

승 사 공 양 일 체 제 불
承事供養一切諸佛하야 　得無障礙一切智智하며
득 무 장 애 일 체 지 지
得無障礙一切智智하며

사 리 중 마 　원 악 지 식 　친 근 일 체 보 살 선 우
捨離衆魔하고 **遠惡知識**하야 **親近一切菩薩善友**하며

멸 제 과 죄 　성 취 정 업 　구 족 보 살 광 대 행 원
滅諸過罪하고 **成就淨業**하야 **具足菩薩廣大行願**

무 량 선 근
無量善根이니라

"불자들이여, 보살마하살이 여러 가지 선근으로 이렇게 회향하는 것은 편의를 따라 일체 중생을 구호하여 생사에서 뛰어나게 하며, 모든 부처님을 섬기고 공양하게 하며, 장애 없는 일체 지혜의 지혜를 얻게 하며, 온갖 마군을 여의며, 나쁜 벗을 멀리 하고 모든 보살과 선지식을 친근케 하며, 모든 죄를 멸하고 청정한 업을 이루게 하며, 보살의 광대한 행行과 원願과 무량한 선근을 구족케 하려는 것이니라."

보살이 선근으로써 회향하는 목적을 밝혔다. 일체 중생들을 생사에서 벗어나게 하는 것과 일체 부처님을 받들어 섬기게 하는 것과 일체 지혜의 지혜를 얻게 하는 것과 모든 마

군을 떠나는 것과 나쁜 벗을 멀리하고 어질고 착한 벗을 가까이하게 하기 위한 것 등등이다.

(7) 일체 중생을 널리 제도하기 위한 회향

佛子ᅌᅡ 菩薩摩訶薩ᅵ 以諸善根ᄋᆞᄅᆞ 正廻向已ᅌᅦ
作如是念ᄒᆞ대 不以四天下衆生ᅵ 多故ᄅᆞ 多日出
現ᄒᆞ고 但一日出ᄒᆞ야 悉能普照一切衆生ᄒᆞ며 又諸
衆生ᅵ 不以自身光明故ᄅᆞ 知有晝夜ᄒᆞ야 遊行觀
察ᄒᆞ야 興造諸業ᄒᆞ고 皆由日天子出ᄒᆞ야 成辨斯事ᄂᆞ
然彼日輪ᄋᆞᆫ 但一無二ᄂᆡ라ᄒᆞ니라

"불자들이여, 보살마하살이 모든 선근으로 바르게 회향하고는 생각하기를 '사천하의 중생이 많음으로 해서 여러 해가 뜨는 것이 아니요, 다만 하나의 해가 떠서 일체 중생을 모두 비추는 것이니라. 또 모든 중생이 자신의 광명으로 인하여 낮과 밤을 알고 다니며 관찰하여 여러 가지 일을 짓는 것이 아니라 해[日天子]가 뜨는 것으로 말미암아 이런 일을 이루느니라. 그러나 저 해는 하나뿐이요 둘이 아니니라.' 라고 하니라."

하나의 사천하는 곧 하나의 태양계로 보아 하나의 태양이 떠서 일체 중생을 모두 비추는 것이다. 중생들은 자신의 광명으로 낮과 밤을 알거나 사물을 관찰하거나 여러 가지 일을 짓는 것이 아니라 해가 떠서 해의 빛으로 이와 같은 일을 하는 것이다.

보살마하살 역부여시 수습선근회향지
菩薩摩訶薩도 **亦復如是**하야 **修習善根廻向之**

시 작시념언 피제중생 불능자구 하능
時에 **作是念言**호대 **彼諸衆生**은 **不能自救**어니 **何能**

구타 유아일인 지독무려 수습선근
救他리오 **唯我一人**이 **志獨無侶**로다하야 **修習善根**하야

여 시 회 향
如是廻向이니

"보살마하살도 이와 같아서 선근을 닦아서 회향할 때에 이렇게 생각하되 '저 중생들이 자기도 구호하지 못하거든 어떻게 남을 구호하리오. 오직 나 한 사람만이 마음에 홀로 짝이 없도다.'라 하고 선근을 닦아서 이와 같이 회향하느니라."

'오직 나 한 사람만이 마음에 홀로 짝이 없도다.'라고 한 것은 앞에서 비유를 든 것과 같이 하나의 태양이 낱낱 사물을 다 비추듯이 보살의 길을 가는 사람은 다른 보살의 힘을 빌리지 않고 오로지 스스로 선근을 닦아 모든 중생에게 회향하는 뜻을 밝힌 것이다.

소위 위 욕 광 도 일 체 중 생 고   보 조 일 체 중 생
所謂爲欲廣度一切衆生故며 **普照一切衆生**
고   시 도 일 체 중 생 고   개 오 일 체 중 생 고   고 부
故며 **示導一切衆生故**며 **開悟一切衆生故**며 **顧復**

일체중생고 섭수일체중생고 성취일체중
一切衆生故며 攝受一切衆生故며 成就一切衆

생고 영일체중생환희고 영일체중생열락고
生故며 令一切衆生歡喜故며 令一切衆生悅樂故며

영일체중생단의고
令一切衆生斷疑故니라

 "이른바 일체 중생을 널리 제도하려는 연고며, 일체 중생을 널리 비추려는 연고며, 일체 중생을 인도하려는 연고며, 일체 중생을 깨우치려는 연고며, 일체 중생을 돌아보아 기르려는 연고며, 일체 중생을 거두어 주려는 연고며, 일체 중생을 성취하려는 연고며, 일체 중생을 환희케 하려는 연고며, 일체 중생으로 하여금 즐겁게 하려는 연고며, 일체 중생으로 하여금 의심을 끊게 하려는 연고이니라."

 또 보살이 선근을 닦아 회향하는 목적을 밝혔다. 일체 중생을 널리 제도하기 위해서, 일체 중생을 널리 비추기 위해서, 일체 중생을 인도하기 위해서, 일체 중생을 깨우치기 위해서 회향하는 것이다.

(8) 은혜를 생각하여 회향하는 것이 아니다

佛子야 菩薩摩訶薩이 復作是念호대 我應如日이
普照一切호대 不求恩報하야 衆生이 有惡이라도 悉能
容受하고 終不以此로 而捨誓願하며 不以一衆生
惡故로 捨一切衆生하고 但勤修習善根廻向하야
普令衆生으로 皆得安樂하니라

"불자들이여, 보살마하살이 또 생각하기를 '나는 해가 온갖 것에 두루 비치어도 은혜를 갚으려 하지 않는 것같이, 중생들의 나쁜 일을 모두 받아들이면서도 이것으로 말미암아 서원을 버리지 않을 것이며, 한 중생이 악하므로 일체 중생을 버리지 않을 것이요, 다만 부지런히 선근을 닦아 회향하여 널리 중생들로 하여금 모두 안락을 얻게 하리라.'라고 하느니라."

보살이 선근을 닦아 중생에게 회향하는 것은 그 보답을

바라서 회향하는 것이 아니다. 저 태양이 그토록 오랜 세월 따뜻한 빛을 내려 주지만 무슨 은혜를 바라던가. 보살은 오히려 중생들이 나쁜 짓을 하더라도 그것을 다 받아들이면서 회향한다. 보살은 중생이 악하다고 해서 흔들리거나 회향을 포기하지 않는다.

善根雖少나 普攝衆生하야 以歡喜心으로 廣大廻向이니 若有善根이라도 不欲饒益一切衆生이면 不名廻向이요 隨一善根하야 普以衆生으로 而爲所緣하야사 乃名廻向이니라

"선근이 비록 적으나 중생들을 널리 포섭하여 환희한 마음으로 광대하게 회향하나니, 만일 선근이 있으면서도 일체 중생을 이익하게 하지 않으면 회향이라 이름할 수 없지만, 한 선근이라도 널리 중생으로써 반연할 바를 삼으면 회향이라 이름하느니라."

보살은 덕이 높고 공부가 많고 수행이 깊다고 해서 회향하는 것이 아니다. 자신이 쌓은 수행과 공덕이 아무리 적더라도 그것으로 회향한다. 옛날에 소를 키우는 사람이 매일 우유를 짜서 자신만 먹다가 이렇게 생각하였다. '만약 한 달을 모아서 한꺼번에 우유를 짜면 온 동네 사람들을 다 먹일 수 있으리라.' 이렇게 생각하고 한 달을 기다린 후에 우유를 짜려 하니 우유는 다 말라 버리고 한 방울도 없었다. 이 이야기처럼 자신의 공부가 부족하다고 해서 다른 사람을 가르치지 않으면 평생 가르치지 못한다. 또 재산이 적다고 해서 자신의 재산이 많아질 때를 기다렸다가 베풀리라 하면 평생 한 푼도 보시하지 못한다. "한 선근이라도 널리 중생으로써 반연할 바를 삼으면 회향이라 이름한다."라고 한 것이 그 뜻이다.

(9) 상相을 떠난 회향

1〉 여러 가지의 회향

안치중생어무소착법성회향 견중생자성
安置衆生於無所着法性廻向과 **見衆生自性**

不動不轉廻向과 於廻向에 無所依無所取廻向과

不取善根相廻向과 不分別業報體性廻向과

"(그것은 곧) 중생을 집착할 것이 없는 법의 성품에 안치하여 두는 회향과 중생의 성품이 동動하지 않고 변하지 않음을 보는 회향과 회향하는 데 의지함도 없고 취함도 없는 회향과 선근의 모양을 취하지 않는 회향과 업과 과보의 자체 성품을 분별하지 않는 회향이니라."

회향의 진정한 길은 선근이 비록 적으나 중생들을 널리 포섭하여 환희한 마음으로 광대하게 회향하는 것이다. 선근이 많다고 해서 반드시 올바른 회향이 되는 것은 아니다. 한 적은 선근이라도 광대하고 바르게 회향할 때 그 의미는 한량이 없다. 그것을 여러 가지 회향으로 표현하였다.

不着五蘊相廻向과 不壞五蘊相廻向과 不取

業廻向과 不求報廻向과 不染着因緣廻向과 不分別因緣所起廻向과 不着名稱廻向과 不着處所廻向과 不着虛妄法廻向과

"(그것은 곧 또) 오온五蘊의 모양에 집착하지 않는 회향과 오온의 모양을 깨뜨리지 않는 회향과 업을 취하지 않는 회향과 과보를 구하지 않는 회향과 인연에 물들지 않는 회향과 인연으로 일으킨 것을 분별하지 않는 회향과 명칭에 집착하지 않는 회향과 처소에 집착하지 않는 회향과 허망한 법에 집착하지 않는 회향이니라."

不着衆生相世界相心意相廻向과 不起心顚倒想顚倒見顚倒廻向과 不着語言道廻向과 觀一切法眞實性廻向과 觀一切衆生平等相廻向과

以法界印으로 印諸善根廻向과 觀諸法離貪欲廻向이니라

"(그것은 곧 또) 중생의 모양, 세계의 모양, 마음의 모양에 집착하지 않는 회향과 마음의 전도顚倒, 생각의 전도, 소견의 전도를 일으키지 않는 회향과 말하는 길에 집착하지 않는 회향과 일체 법의 진실한 성품을 관觀하는 회향과 일체 중생의 평등한 모양을 관하는 회향과 법계의 인印으로 여러 선근을 인印하는 회향과 모든 법의 탐욕을 여읜 것을 관하는 회향이니라."

解一切法無하야 種植善根도 亦如是하며 觀諸法無二하야 無生無滅廻向도 亦如是니라

"(또한) 일체 법이 없음을 알아서 선근을 심음도 또한 이와 같고, 모든 법이 둘이 없으매 나지도 않고 멸하지도 않음을 관하는 회향도 또한 이와 같으니라."

앞에서 정리하여 설명했듯이 아무리 적은 선근이라도 그것을 보다 많은 중생들을 널리 포섭하여 환희한 마음으로 광대하게 회향한다면 그것이 진정 값지고 소중한 회향이 된다. 그래서 위에서 밝힌 온갖 여러 가지 회향을 다 포함하게 된다.

2) 업業과 지혜

以如是等善根廻向하면 修行淸淨對治之法하고 所有善根으로 皆悉隨順出世間法하야 不作二相하나니 非卽業코 修習一切智며 非離業코 廻向一切智라 一切智가 非卽是業이나 然不離業코 得一切智니

"이와 같은 선근으로 회향하면 청정하게 대치하는 법을 수행하여 생기는 선근은 모두 출세간법出世間法을 따

라가는 것이므로 둘이란 모양을 짓지 아니하느니라. 업에 나아가 일체 지혜를 닦는 것이 아니고, 업을 여의고 일체 지혜에 회향하는 것이 아니며, 일체 지혜가 곧 업이 아니지마는 그러나 업을 떠나서 일체 지혜를 얻는 것도 아니니라."

사람이 지은 업과 모든 것을 남김없이 다 아는 일체 지혜의 관계를 밝혔다. 흔히 업은 지혜와 다른 것이어서 업을 떠난 경지에 지혜가 있는 것으로 안다. 그러나 경에서 "일체 지혜가 곧 업이 아니지마는 그러나 업을 떠나서 일체 지혜를 얻는 것도 아니다."라고 한 것은 무명의 실다운 성품이 곧 불성이라는 뜻과 같아서 실은 업과 지혜는 둘이 아니라는 것이다. 어둠의 자리가 곧 밝음의 자리인 것과 같다.

이업여광영청정고   보역여광영청정   보
以業如光影淸淨故로 **報亦如光影淸淨**하며 **報**

여광영청정고   일체지지   역여광영청정
如光影淸淨故로 **一切智智**도 **亦如光影淸淨**하야

離我我所의 一切動亂思惟分別이라 如是了知하야
以諸善根方便廻向하나니라

"업은 그림자가 텅 빈 것[光影淸淨]과 같은 까닭에 과보도 또한 그림자가 텅 빈 것과 같으며, 과보가 그림자와 같이 텅 빈 것과 같은 까닭에 일체 지혜의 지혜도 또한 그림자와 같이 텅 비어서 나와 내 것이라는 모든 시끄러움과 사유와 분별을 여의었느니라. 이와 같이 알고서 모든 선근의 방편으로 회향하는 것이니라."

업도 고정불변하는 실체가 없으며, 업의 과보도 고정불변하는 실체가 없으며, 따라서 일체 지혜의 지혜도 고정불변하는 실체가 없다. 그러므로 나와 내 것 등 일체 시끄러움과 사유와 분별을 멀리 떠났다. 이와 같이 알아서 모든 선근 방편으로 회향하는 것이다.

(10) 회향의 이익

菩薩이 如是廻向之時에 度脫衆生하야 常無休息호대 不住法相하며 雖知諸法이 無業無報나 善能出生一切業報하야 而無違諍하야 如是方便으로 善修廻向이니라 菩薩摩訶薩이 如是廻向時에 離一切過일새 諸佛所讚이시니 佛子야 是爲菩薩摩訶薩의 第一救護一切衆生호대 離衆生相廻向이니라

"보살이 이와 같이 회향할 적에 중생을 제도하여 쉬는 일이 없고 법이라는 모양에 머물지 않느니라. 비록 모든 법이 업도 없고 과보도 없는 줄을 알지마는, 모든 업과 과보를 잘 내어서 어기지 아니하나니, 이와 같은 방편으로 회향을 닦느니라. 보살마하살이 이와 같이 회향할 때에 일체 허물을 여의어서 모든 부처님들이 찬탄하시는 바이니라. 불자들이여, 이것이 보살마하살의

제1 일체 중생을 구호하면서도 중생이라는 상相을 떠난 회향이니라."

여기까지가 십회향 중에서 제1 일체 중생을 구호하면서도 중생이라는 상相을 떠난 회향의 산문의 끝이다. 회향의 이익으로 중생을 제도하여 쉬는 일이 없으며, 법에 머물지 않으며, 모든 법이 업도 없고 과보도 없는 줄을 알지마는 모든 업과 과보를 잘 내어서 어기지 아니하는 것 등을 밝히면서 게송으로 이어진다.

(11) 금강당보살이 게송을 설하다

1〉 게송을 설하는 뜻

爾時에 金剛幢菩薩이 觀察十方一切衆會와 暨于法界하사 入深句義하야 以無量心으로 修習勝行하며 大悲普覆一切衆生하사 不斷三世諸如來

種하며 入一切佛功德法藏하사 出生一切諸佛法
身하며 善能分別諸衆生心하사 知其所種善根成
熟하며 住於法身하사 而爲示現淸淨色身하고 承佛
神力하사 卽說頌言하시니라

이때에 금강당보살이 시방의 일체 대중들과 법계를 관찰하고, 깊은 뜻에 들어서 한량없는 마음으로 수승한 행을 닦아 대자비로 일체 중생을 두루 덮어 삼세 여래의 종성種性을 끊지 않게 하며, 모든 여래의 공덕법장法藏에 들어가 일체 모든 부처님의 법신法身을 출생하며, 모든 중생들의 마음을 잘 분별하여 그들이 심은 선근이 성숙힘을 알고, 법신에 머무르면서 일부러 청정한 육신을 나타내고 부처님의 신력을 받들어 게송으로 설하였습니다.

제1 회향을 게송으로 그 뜻을 거듭 설하기 전에 게송으로 설하는 뜻을 또 길게 밝혔다. "한량없는 마음으로 수승한 행을 닦아 대자비로 일체 중생을 두루 덮어 삼세 여래의 종성種性을 끊지 않게 한다."는 것이 중요한 내용이다.

2) 회향할 선근을 밝히다

〈1〉 사무량심四無量心

부 사 의 겁 수 행 도 　　정 진 견 고 심 무 애
不思議劫修行道하야　**精進堅固心無礙**라

위 욕 요 익 군 생 류 　　상 구 제 불 공 덕 법
爲欲饒益群生類하야　**常求諸佛功德法**이로다

부사의한 겁 동안 불도를 닦아서
정진하는 굳은 마음 걸림 없으며
중생의 무리들에 이익 주려고
부처님의 공덕법을 항상 구하도다.

앞에서 장문으로 제1 회향을 설하고 나서 거듭 그 뜻을 게송으로 밝히는 내용을 청량스님은 아래와 같이 분석하였다. "뒤는 게송하는 글을 바로 진술하였는데, 모두 28개의 게송이다. 둘로 나누면 앞의 여덟 게송 반은 회향할 바의

선근인데 앞의 여섯 게송은 사무량심이다. 한 게송은 자慈, 두 게송은 비悲, 한 게송 반은 희喜, 또 한 게송 반은 사捨다. (한량없는 마음은) 땅과 같이 무심하기 때문이라 하였다. 한 게송은 한량없는 마음이 널리 두루 함을 맺고 뒤의 두 게송 반은 육바라밀을 밝혔다."[10]라고 하였다. 나머지 게송은 회향의 행을 밝힌 것이다.

회향이란 달리 표현하면 육바라밀과 사무량심의 실천이다. 먼저 사무량심을 게송으로 밝히고 다음은 육바라밀을 게송으로 표현하였다. 보살은 불가사의한 오랜 겁 동안 불도를 닦아서 정진은 굳세고 마음은 걸림이 없다. 오직 중생들에게 이익을 주기 위하여 부처님 공덕의 법을 항상 구한다. 이것이 자慈의 한량없는 마음이다.

조 어 세 간 무 등 인　　　수 치 기 의 심 명 결
調御世間無等人이　　　**修治其意甚明潔**하야

---

10) 後正陳偈辭. 二十八偈分二 : 前八偈半頌所迴善根 : 前六四等. 一, 慈. 二, 悲. 一偈半喜. 一偈半捨. 如地無心故. 一偈結其普遍. 後二偈半明六度.

발심 보 구 제 함 식
發心普救諸含識하니

피 능 선 입 회 향 장
彼能善入廻向藏이로다

세간을 다스리는 같을 이 없는 사람이

그 뜻을 잘 닦아서 밝고 깨끗하여

모든 중생 건지려는 마음을 내니

그 사람 회향의 창고에 능히 잘 들도다.

용 맹 정 진 력 구 족
勇猛精進力具足하고

지 혜 총 달 의 청 정
智慧聰達意淸淨하야

보 구 일 체 제 군 생
普救一切諸群生호대

기 심 감 인 불 경 동
其心堪忍不傾動이로다

용맹하게 정진하여 힘을 갖추고

지혜가 총명하고 뜻도 청정해

수많은 중생들을 널리 건지니

그 마음 견디고 참아 움직이지 않도다.

이 두 게송은 비悲의 한량없는 마음이다. "수많은 중생들을 널리 건지니 그 마음 견디고 참아 움직이지 않는다."는 감인불경동堪忍不傾動의 마음에는 보살이 자신을 위해서도 또는 중생을 위해서도 보살행으로 회향하는 뜻이 잘 드러나 있다.

심선안주무여등
心善安住無與等하고

의상청정대환열
意常淸淨大歡悅하야

여시위물근수행
如是爲物勤修行하니

비여대지보용수
譬如大地普容受로다

마음이 잘 안주하여 같을 이 없고
뜻이 항상 청정하여 크게 기쁘며
이와 같이 중생 위해 부지런히 수행하니
비유컨대 대지가 널리 수용하듯 하네.

정량스님은 소疏에서 다음의 한 게송 반을 희喜의 마음이라 하고 그 다음의 한 게송 반을 사捨의 마음이라 하였으나 모두가 보살의 회향하는 마음이 종합적으로 표현되어 있으므로 게송의 단락은 모양에 맞춰서 나눴다.

사무량심을 사전적 해석을 빌려 다시 분명히 한다. 즉 모든 중생에게 즐거움을 주고 괴로움과 미혹을 없애 주는 자慈비悲 희喜 사捨의 네 가지 무량심을 의미한다. 자무량심은 모든 중생에게 즐거움을 베풀어 주는 마음가짐이며, 비무량심은 중생을 불쌍히 여기는 마음으로 고통의 세계로부터 구해 내어 깨달음의 해탈락解脫樂을 주려는 마음가짐이다. 희무량심은 중생으로 하여금 고통을 버리고 낙을 얻어 희열하게 하려는 마음가짐이며, 사무량심은 탐욕이 없음을 근본으로 하여 모든 중생을 평등하게 보고 미움과 가까움에 대한 구별을 두지 않는 마음가짐이다.

불 위 자 신 구 쾌 락
不爲自身求快樂하고

단 욕 구 호 제 중 생
但欲救護諸衆生하야

여 시 발 기 대 비 심
如是發起大悲心하야

질 득 입 어 무 애 지
疾得入於無礙地로다

자기 한 몸 쾌락을 구하지 않고
다만 모든 중생을 구호하려고
이와 같이 대비심을 일으키므로
걸림 없는 지위에 빨리 들도다.

보살은 자기 한 몸의 쾌락을 구하지 않는다. 다만 모든 중생을 구호하려고 이와 같이 대비심을 일으킨다. 특히 십회향은 삼현三賢의 끝이다. 보살에게 어찌 자기를 위한 일이 있겠는가.

시방 일체 제 세계
十方一切諸世界에

소유 중생 개 섭수
所有衆生皆攝受하나니

위 구 피 고 선 주 심
爲救彼故善住心하야

여 시 수 학 제 회 향
如是修學諸廻向이로다

시방 일체 모든 세계에
있는 바의 모든 중생 다 섭수하여
그들을 구호하려고 잘 안주하는 마음
이와 같이 모든 회향 닦아 배우도다.

여기까지 보살이 수행하는 사무량심四無量心을 게송으로 다시 밝혔다. 보살은 또 시방에 있는 모든 중생을 남김없이 섭수한다. 중생들을 구호하려고 사무량심에 안주하는 마음으로 모든 회향을 닦아 배운다.

〈2〉 육바라밀

수행보시대흔열
修行布施大欣悅하고

호지정계무소범
護持淨戒無所犯하며

용맹정진심부동
勇猛精進心不動하야

회향여래일체지
廻向如來一切智로다

보시를 수행하여 크게 기쁘고

계율을 잘 지니어 범하지 않고

용맹정진 그 마음 동하지 않아

여래의 일체 지혜에 회향하도다.

다시 육바라밀을 게송으로 표현하였다. 보시와 지계와 정진으로 여래의 일체 지혜에 회향한다. 일체 육바라밀을 닦는 것 역시 중생에게 회향하기 위해서다. 결코 자기 자신을 위해서 육바라밀을 닦는 것이 아니다.

기심광대무변제
其心廣大無邊際하야

인력안주불경동
忍力安住不傾動하며

선정심심항조료
禪定甚深恒照了하고

지혜미묘난사의
智慧微妙難思議로다

그 마음 크고 넓어 끝 간 데 없고
참는 힘에 안주하여 동하지 않네.
깊고 깊은 선정禪定으로 항상 비추며
지혜가 미묘하여 부사의하네.

   육바라밀 중에서 인욕과 선정과 지혜를 표현하였다. 넓고 큰 마음이라야 참을 수 있으며 참아야 움직이지 않는다. 선정이 깊으면 일체 법을 환하게 비출 수 있다. 그래서 보살의 지혜는 미묘 불가사의하다.

시 방 일 체 세 계 중　　　　구 족 수 치 청 정 행
十方一切世界中에　　　　**具足修治淸淨行**하고

여 시 공 덕 개 회 향　　　　위 욕 안 락 제 함 식
如是功德皆廻向하야　　　**爲欲安樂諸含識**이로다

시방 일체 세계 중에서
청정행을 다 갖추어 닦고
이와 같은 공덕을 모두 회향해
한량없는 중생을 안락케 하네.

보살은 시방 일체 세계 어느 곳이든 다니면서 청정하고 훌륭한 수행이란 수행은 빠짐없이 갖추어 다 닦는다. 사무량심과 육바라밀을 중심으로 십바라밀과 사섭법과 삼십칠조도법과 사성제, 팔정도 등 일체 수행이 그것이다. 그와 같은 일체 선근 공덕을 모두 다 회향하여 일체 중생을 안락하게 하고자 하는 것이다. 이와 같이 보살은 무엇을 하든 언제나 중생을 안락하게 하고자 하는 마음뿐이다.

3) 회향하는 행

〈1〉 상相을 따르는 회향

대 사 근 수 제 선 업
大士勤修諸善業이

무 량 무 변 불 가 수
無量無邊不可數라

여 시 실 이 익 중 생
如是悉以益衆生하야

영 주 난 사 무 상 지
令住難思無上智로다

보살이 선한 업을 열심히 닦아
한량없고 그지없어 셀 수 없나니
이와 같이 모든 중생 이익 주어서
불가사의 높은 지혜에 머물게 하네.

청량스님은 회향하는 수행에 상相을 따르는 회향과 상을 떠난 회향으로 설명하였다. 지금은 상을 따르는 회향이다. 보살이 일체 선근을 부지런히 닦은 것이 무량무변하다. 그 모든 선근은 일체 중생을 이익하게 하려는 것이다. 그 이익이란 부처님이 얻으신 가장 높은 지혜를 얻게 하려는 것이다.

> 보 위 일 체 중 생 고
> **普爲一切衆生故**로 　 부 사 의 겁 처 지 옥
> **不思議劫處地獄**호대
>
> 여 시 증 무 염 퇴 심
> **如是曾無厭退心**하야 　 용 맹 결 정 상 회 향
> **勇猛決定常廻向**이로다

널리 일체 중생을 건지시려고
불가사의 겁 동안 지옥에 있어
이와 같이 하여도 싫어하는 생각 없고
용맹한 마음으로 늘 회향하도다.

일체 중생을 건지시려고 불가사의한 겁 동안 지옥에 있어도 싫어함이 없다는 내용은 곧 지장보살의 보살행으로 대변

된다. 그것이 지장경이라는 한 권의 경전으로 발전하였다. 지장보살의 중생을 위한 서원은 "중생을 다 제도한 뒤에 비로소 보리를 증득하겠다. 지옥이 텅 비기 전에는 맹세코 성불하지 않겠다. 내가 지옥에 들어가지 않으면 누가 지옥에 들어가겠는가."라는 세 가지로 정리된다. 그리고 지장보살은 결정되어진 업장까지 소멸한다는 진언[滅定業眞言]을 설하였다. 지장보살이 아니더라도 모든 보살은 이와 같은 서원을 다 가지고 있다.

불 구 색 성 향 여 미
不求色聲香與味하고

역 불 희 구 제 묘 촉
亦不希求諸妙觸하고

단 위 구 도 제 군 생
但爲救度諸群生하야

상 구 무 상 최 승 지
常求無上最勝智로다

빛과 소리, 향기, 맛을 구하지 않고
부드러운 촉각觸覺도 바라지 않고
다만 모든 중생을 구제하려고
가장 높고 수승한 지혜를 항상 구하도다.

불교에서의 다섯 가지 욕망은, 눈은 좋은 것만을 보려 하고, 귀는 아름다운 소리만을 들으려 하고, 코는 좋은 향기만을 맡으려 하고, 혀는 맛있는 것만을 맛보려 하고, 몸은 부드럽고 감미로운 것만을 감촉하려 하는 것을 말한다. 보살은 이 모든 것을 위해 사는 것이 아니다. 다만 중생들을 구제하기 위해서 가장 높은 지혜를 항상 구한다.

지혜청정여허공
智慧淸淨如虛空하야

수습무변대사행
修習無邊大士行호대

여불소행제행법
如佛所行諸行法을

피인여시상수학
彼人如是常修學이로다

지혜가 청정하기 허공과 같아서
끝없는 보살의 행 닦아 익히며
부처님 행하시던 모든 행들을
저 사람 그와 같이 항상 배우도다.

지혜가 청정하기가 허공처럼 끝이 없고 가없는 사람이라야 온갖 보살행을 다 닦아 행한다. 육바라밀을 행하고 사무량심을 행하고 사섭법을 행하고 나아가서 부처님이 행하신 일체 수행을 행하는 사람은 진실로 가장 지혜로운 사람이다.

대사유행제세계 실능안은제군생
大士遊行諸世界하야 **悉能安隱諸群生**하며
보사일체개환희 수보살행무염족
普使一切皆歡喜하야 **修菩薩行無厭足**이로다

보살이 모든 세계 두루 다니며
많은 중생 모두 다 편안케 하고
모든 이로 하여금 널리 다 환희케 하되
보살행을 닦는 일 싫어함이 없도다.

보살이 하는 사업을 밝혔다. 보살은 모든 세계를 두루 돌아다니면서 모든 중생을 다 편안하게 한다. 또 모두를 환희롭게 한다. 편안하게 하고 환희롭게 하기 위해서 필요한 보살행을 싫어함 없이 항상 닦는다.

제 멸 일 체 제 심 독　　　　사 유 수 습 최 상 지
　　除滅一切諸心毒하고　　**思惟修習最上智**하야

　　불 위 자 기 구 안 락　　　　단 원 중 생 득 리 고
　　不爲自己求安樂이요　　**但願眾生得離苦**로다

여러 가지 독한 마음 떨어 버리고
가장 높은 지혜를 사유하여 항상 닦되
나 한 몸의 안락을 구하지 않고
다만 중생들이 고통을 떠나기를 원하도다.

　보살은 또 일체 모든 마음의 독을 다 떨어 버리고 가장 높은 지혜를 닦는다. 이와 같은 일체 보살행은 자기 자신의 한 몸을 위해서가 아니다. 다만 중생들이 받는 일체 고통을 떠나도록 하기 위함이다.

　　차 인 회 향 득 구 경　　　　심 상 청 정 이 중 독
　　此人廻向得究竟하야　　**心常清淨離眾毒**하니

　　삼 세 여 래 소 부 촉　　　　주 어 무 상 대 법 성
　　三世如來所付囑으로　**住於無上大法城**이로다

이 사람의 회향이 구경究竟에 가서
마음이 청정하여 모든 독을 다 떠나고
삼세의 여래께서 부촉하신 바대로
위없는 큰 법성法城에 머물러 있도다.

보살이 선근을 닦아서 다른 모든 사람들에게 회향하는 공덕은 구경에는 마음이 청정하여 일체 해악과 독해를 모두 떠나게 된다. 그래서 부처님께서 부촉하신 바대로 가장 높은 법의 나라에서 살게 된다. 이와 같이 불교의 최종 목적은 일체 중생이 가장 높은 진리의 경지를 누리며 살도록 하는 것이다.

〈2〉 상相을 떠난 회향

미 증 염 착 어 제 색 　　　수 상 행 식 역 여 시
未曾染着於諸色하며　　　**受想行識亦如是**하야

기 심 영 출 어 삼 유 　　　소 유 공 덕 진 회 향
其心永出於三有하고　　　**所有功德盡廻向**이로다

모든 색色에 조금도 물들지 않고

수受와 상想과 행行과 식識도 그와 같아서
그 마음 삼유三有에서 아주 뛰어나
가진 공덕 모두 다 회향하도다.

보살이 선근을 닦은 공덕은 색色 수受 상想 행行 식識 그 어디에도 물들지 않고 욕계와 색계와 무색계도 아주 떠나서 모두 다 일체 중생에게 회향한다. 이것이 상을 떠난 회향, 즉 무주상無住相 회향이다.

불 소 지 견 제 중 생
佛所知見諸衆生을

진 개 섭 취 무 유 여
盡皆攝取無有餘하야

서 원 개 령 득 해 탈
誓願皆令得解脫하고

위 피 수 행 대 환 희
爲彼修行大歡喜로다

부처님이 알고 보는 많은 중생을
모두 다 거두어서 남기지 않고
서원 세워 해탈을 얻게 하려고
그들 위해 수행하며 크게 환희하도다.

부처님은 당신이 알거나 본 많고 많은 중생을 남김없이 다 거두어 크나큰 서원으로 모두 해탈하게 한다. 스스로 알거나 본 중생 중에서 만약 해탈하지 못한 중생이 있다면 마음이 편할 수 없다. 그러므로 끊임없이 수행하여 그들을 다 해탈케 하고 크게 환희하는 것이다.

기 심 염 념 항 안 주
其心念念恒安住하야

지 혜 광 대 무 여 등
智慧廣大無與等하고

이 치 정 념 상 적 연
離癡正念常寂然하니

일 체 제 업 개 청 정
一切諸業皆淸淨이로다

그 마음 생각마다 항상 편히 머물고
지혜도 넓고 커서 짝이 없나니
어리석음 떠난 바른 생각 항상 고요해서
일체 모든 업이 언제나 청정하도다.

보살은 그 마음 순간순간 편안히 안주하여 광대한 지혜가 짝할 이 없다. 어리석음을 떠난 바른 생각으로 항상 고요하니 일체 모든 업장이 텅 비어 청정하다. 이와 같은 모습이 보살의 삶이다.

彼諸菩薩處於世호대 不着內外一切法하니
如風無礙行於空하야 大士用心亦復然이로다

저 모든 보살들이 세상에 있어도
안과 밖 모든 법에 집착이 없는 것이
바람이 걸림 없이 허공에 불듯 하여
보살들의 마음도 또한 그러하도다.

선근을 닦아 일체 중생에게 회향하는 보살은 아무리 험악한 세상에 살더라도 자신에게나 바깥세상 어디에도 일체 집착이 없다. 마치 그물에 걸리지 않는 바람처럼, 소리에 놀라지 않는 사자처럼, 진흙에 더럽히지 않는 연꽃처럼, 무소의 뿔처럼 혼자서 간다. 이것이 보살의 삶이다.

소유신업개청정　　　　　　일체어언무과실
所有身業皆淸淨하며　　　**一切語言無過失**하고

심상귀향어여래　　　　　　능령제불실환희
心常歸向於如來하야　　　**能令諸佛悉歡喜**로다

몸으로 짓는 업이 모두 청정하고

여러 가지 말씀도 허물이 없어

마음은 언제나 여래께 향해

부처님들 모두 다 환희케 하도다.

　일체 선근을 닦아서 회향하는 보살은 몸으로 짓는 업이 텅 비었다. 말을 아무리 많이 하더라도 일체 허물이 없다. 그리고 마음은 언제나 여래에게 향하고 있다. 보살이 삼업을 이와 같이 함으로 모든 부처님이 환희하신다.

시방무량제국토　　　　　　소유불처개왕예
十方無量諸國土의　　　　**所有佛處皆往詣**하야

어중도견대비존　　　　　　미불공경이첨봉
於中覩見大悲尊하고　　　**靡不恭敬而瞻奉**이로다

시방의 한량없이 많은 국토에
부처님 계신 데는 모두 나아가
그곳에서 대비大悲 세존 만나 뵈옵고
공경하고 우러러 섬기옵니다.

선근을 닦아 회향하는 보살은 시방 한량없는 국토의 부처님이 계신 곳에 다 나아가서 대자대비하신 부처님 일체 중생을 모두 친견하고 공경하며 우러러 받든다.

심 상 청 정 이 제 실
心常淸淨離諸失하고

보 입 세 간 무 소 외
普入世間無所畏하야

이 주 여 래 무 상 도
已住如來無上道하고

부 위 삼 유 대 법 지
復爲三有大法池로다

마음이 청정하고 허물이 없으매
세간에 들어가도 두렵지 않고
위없는 여래도如來道에 머무르고도
삼유三有의 큰 법의 못이 다시 되도다.

선근을 닦아 일체 중생에게 회향하는 보살은 마음이 텅 비어 아무런 허물이 없다. 그와 같은 상태로 세간에 널리 들어가서 아무런 두려움이 없다. 그리고 가장 높은 여래의 도에 머무르기 때문에 욕계나 색계나 무색계에서 큰 진리의 연못이 된다.

> 정근관찰일체법
> **精勤觀察一切法**하며
> 수순사유유비유
> **隨順思惟有非有**하고
> 여시취어진실리
> **如是趣於眞實理**하야
> 득입심심무쟁처
> **得入甚深無諍處**로다

온갖 법을 부지런히 관찰도 하고
유有와 비유非有를 수순하여 생각하면서
이와 같이 참이치에 나아가서 이르고
다툼이 없는 깊은 곳에 들어가도다.

선근을 닦아 일체 중생에게 회향하는 보살은 일체 법의 있음과 없음을 잘 관찰한다. 그래서 있음에도 걸리지 않고 없음에도 걸리지 않는다. 진실한 중도의 참다운 이치에 머물기 때문에 어디에도 치우치지 않는다. 투쟁이 없고 갈등이 없고 시비가 없는 곳에 잘 들어가 보살의 이상적인 삶을 누린다.

이 차 수 성 견 고 도
以此修成堅固道하니

일 체 중 생 막 능 괴
一切衆生莫能壞라

선 능 요 달 제 법 성
善能了達諸法性하야

보 어 삼 세 무 소 착
普於三世無所着이로다

이것으로 견고한 도道를 닦아 이루면
일체 중생들이 깨뜨릴 수가 없으며
모든 법의 성품을 통달하여
삼세에 널리 집착이 없도다.

보살이 선근을 닦아 회향하는 일은 끝내 견고한 도를 이루게 된다. 그와 같은 경지는 어떤 중생도 깨뜨릴 수 없다. 공든 탑은 무너지지 않듯이 선근을 회향한 공덕은 누구도 깨뜨리지 못한다. 모든 법의 성품을 통달했기 때문에 과거 현재 미래에 집착이 없다.

여 시 회 향 도 피 안
如是廻向到彼岸하야

보 사 군 생 이 중 구
普使群生離衆垢하고

영 리 일 체 제 소 의
永離一切諸所依하야

득 입 구 경 무 의 처
得入究竟無依處로다

이와 같이 회향하여 저 언덕 가서
중생들로 하여금 모든 때를 여의게 하여
일체 모든 의지한 곳 길이 여의고
구경에는 의지할 데 없는 곳에 들게 하도다.

　일체 중생을 구호하되 중생이라는 상을 멀리 떠난 회향을 닦아 저 언덕에 이르게 되면 중생들로 하여금 모든 번뇌의 때를 떠나게 한다. 중생이 곧 중생이 아니며, 중생이 곧 텅 비어 공하며, 또한 중생이 곧 부처이기 때문이다. 이와 같은 경지에 이르면 달리 무엇에 의지하겠는가. 철저히 의지할 데 없는 곳에 들어가리라.

일 체 중 생 어 언 도
一切衆生語言道가

수 기 종 류 각 차 별
隨其種類各差別이어든

보 살 실 능 분 별 설 　　이 심 무 착 무 소 애
菩薩悉能分別說호대　　**而心無着無所礙**로다

일체 중생들이 말하는 법이
그들의 종류 따라 각각 다른데
보살이 분별하여 모두 말하나
마음에 집착 없고 걸림도 없도다.

그렇다. 지구상에는 200여 개의 나라가 있고, 어떤 나라에는 10여 가지의 언어를 사용하는 곳도 있다. 참으로 종류를 따라 그 언어가 각양각색이다. 그런데 보살은 그 모든 언어를 다 알고 다 분별하고 다 사용한다. 그러나 그 어떤 언어에도 마음에 집착하는 바가 없고 걸리는 바도 없다.

보 살 여 시 수 회 향　　공 덕 방 편 불 가 설
菩薩如是修廻向하니　　**功德方便不可說**이라

능 령 시 방 세 계 중　　일 체 제 불 개 칭 탄
能令十方世界中에　　**一切諸佛皆稱歎**이로다

보살이 이와 같이 회향을 닦아

공덕이나 방편을 말할 수 없고
시방의 모든 세계 가운데서
일체 부처님들이 모두 칭찬하시도다.

보살은 이와 같은 일체 중생을 구호하되 중생이라는 상을 멀리 떠난 회향을 닦아서 그 공덕을 이루 다 헤아릴 수 없다. 그래서 시방세계의 모든 부처님들이 찬탄하고 또 찬탄하신다. 부처님의 삶이 곧 일체 선근을 닦아 그 공덕을 일체 중생에게 모두 다 회향하는 것을 목적으로 한다면 부처님 자신이 하고자 하는 일을 대신하는 셈이다. 어느 누가 자신이 공을 들여 이룩한 일을 이어받아 계승하는데 기뻐하지 않겠는가. 이것은 곧 부처님의 종성種性을 천대 만대에 이어가는 일이기 때문이다. 이것으로 십회향 가운데 제1 회향인 구호일체중생이중생상회향救護一切衆生離衆生相廻向을 설해 마쳤다.

십회향품 1 끝

〈제23권 끝〉

華嚴經 構成表

分次	周次		內容	品數	會次
擧果勸樂生信分 (信)	所信因果周		如來依正	世主妙嚴品 第一 如來現相品 第二 普賢三昧品 第三 世界成就品 第四 華藏世界品 第五 毘盧遮那品 第六	初會
修因契果生解分 (解)	差別因果周	差別因	十信	如來名號品 第七 四聖諦品 第八 光明覺品 第九 菩薩問明品 第十 淨行品 第十一 賢首品 第十二	二會
			十住	昇須彌山頂品 第十三 須彌頂上偈讚品 第十四 十住品 第十五 梵行品 第十六 初發心功德品 第十七 明法品 第十八	三會
			十行	昇夜摩天宮品 第十九 夜摩天宮偈讚品 第二十 十行品 第二十一 十無盡藏品 第二十二	四會
			十迴向	昇兜率天宮品 第二十三 兜率宮中偈讚品 第二十四 十迴向品 第二十五	五會
			十地	十地品 第二十六	六會
			等覺	十定品 第二十七 十通品 第二十八 十忍品 第二十九 阿僧祇品 第三十 如來壽量品 第三十一 菩薩住處品 第三十二	七會
		差別果	妙覺	佛不思議法品 第三十三 如來十身相海品 第三十四 如來隨好光明功德品 第三十五	
	平等因果周	平等因		普賢行品 第三十六	
		平等果		如來出現品 第三十七	
托法進修成行分 (行)	成行因果周		二千行門	離世間品 第三十八	八會
依人證入成德分 (證)	證入因果周		證果法門	入法界品 第三十九	九會

(資料：文殊經典研究會)

會場	放光別	會主	入定別	說法別舉
菩提場	遮那放齒光眉間光	普賢菩薩為會主	入毘盧藏身三昧	如來依正法
普光明殿	世尊放兩足輪光	文殊菩薩為會主	此會不入定．信未入位故	十信法
忉利天宮	世尊放兩足指光	法慧菩薩為會主	入無量方便三昧	十住法門
夜摩天宮	如來放兩足趺光	功德林菩薩為會主	入菩薩善思惟三昧	十行法門
兜率天宮	如來放兩膝輪光	金剛幢菩薩為會主	入菩薩智光三昧	十廻向法門
他化天宮	如來放眉間毫相光	金剛藏菩薩為會主	入菩薩大智慧光明三昧	十地法門
再會普光明殿	如來放眉間口光	如來為會主	入剎那際三昧	等妙覺法門
三會普光明殿	此會佛不放光，表行依解法依解光故	普賢菩薩為會主	入佛華莊嚴三昧	二千行門
祇陀園林	放眉間白毫光	如來善友為會主	入獅子頻申三昧	果法門

如天 無比

1943년 영덕에서 출생하였다. 1958년 출가하여 덕흥사, 불국사, 범어사를 거쳐 1964년 해인사 강원을 졸업하고 동국역경연수원에서 수학하였다. 10여 년 선원생활을 하고 1976년 탄허 스님에게 화엄경을 수학하고 전법, 이후 통도사 강주, 범어사 강주, 은해사 승가대학원장, 대한불교조계종 교육원장, 동국역경원장, 동화사 한문불전승가대학 원장 등을 역임하였다.

2018년 5월에는 수행력과 지도력을 갖춘 승랍 40년 이상 되는 스님에게 품서되는 대종사 법계를 받았다. 현재 부산 문수선원 문수경전연구회에서 150여 명의 스님과 300여 명의 재가 신도들에게 화엄경을 강의하고 있다. 또한 다음 카페 '염화실'(http://cafe.daum.net/yumhwasil)을 통해 '모든 사람을 부처님으로 받들어 섬김으로써 이 땅에 평화와 행복을 가져오게 한다.'는 인불사상人佛思想을 펼치고 있다.

저서로 『무비 스님의 유마경 강설』(전 3권), 『대방광불화엄경 실마리』, 『무비 스님의 왕복서 강설』, 『무비 스님이 풀어 쓴 김시습의 법성게 선해』, 『법화경 법문』, 『신금강경 강의』, 『직지 강설』(전 2권), 『법화경 강의』(전 2권), 『신심명 강의』, 『임제록 강설』, 『대승찬 강설』, 『당신은 부처님』, 『사람이 부처님이다』, 『이것이 간화선이다』, 『무비 스님과 함께하는 불교공부』, 『무비 스님의 증도가 강의』, 『일곱 번의 작별인사』, 무비 스님이 가려 뽑은 명구 100선 시리즈(전 4권) 등이 있고 편찬하고 번역한 책으로 『화엄경(한글)』(전 10권), 『화엄경(한문)』(전 4권), 『금강경 오가해』 등이 있다.

대방광불화엄경 강설 제23권

| 초판 1쇄 발행_ 2015년 5월 25일
| 초판 3쇄 발행_ 2024년 6월 29일

| 지은이_ 여천 무비(如天 無比)
| 펴낸이_ 오세룡
| 편집_ 박성화 손미숙 윤예지 여수령 정연주
| 기획_ 곽은영 최윤정
| 디자인_ 고혜정 김효선 최지혜
| 홍보 마케팅_ 정성진
| 펴낸곳_ 담앤북스
　　　서울특별시 종로구 새문안로3길 23 경희궁의 아침 4단지 805호
　　　대표전화 02)765-1250(편집부) 02)765-1251(영업부) 전자우편 dhamenbooks@naver.com
　　　출판등록 제300-2011-115호
| ISBN　978-89-98946-54-8　04220

정가 14,000원

ⓒ 무비스님 2015